GOLDMANN
RATGEBER

Buch

Erstmals 1979 erschienen, hat sich dieses Buch mittlerweile zum Klassiker unter den Brotbackbüchern entwickelt. Begünstigt wurde das durch die gewaltig ansteigende Verbreitung und Anerkennung der Vollwerternährung in den letzten Jahren. Was liegt da näher, als gerade beim Brotbacken möglichst »vollwertig« zu verfahren und ausschließlich frischgemahlenes Korn zu verwenden?

Das vorliegende Buch möchte aber das Brotbacken auf Vollkornbasis nicht nur unter dem Gesundheitsaspekt sehen, sondern vor allem die Freude an der Zubereitung und an dem Verzehr des selbsthergestellten Brotes wecken. Außerdem zeigt Axel Meyer mit seinen herrlichen Rezepten, daß wir auch bei gesunder Ernährung nicht auf die »süßen Sachen« verzichten müssen, daß vielmehr Kuchen und Gebäck aus frischem Vollkornmehl köstlich schmecken.

»Die Kunst des Backens« bietet dem Benutzer neben genauen Anleitungen auch viele reizvolle Anregungen, um das individuelle Gespür für das Backen zu fördern.

Autor

Axel Meyer, Jahrgang 1955, lebt als freier Schriftsteller in einem kleinen Ort in der Nähe von Hameln. Seine erfolgreichen Ernährungsbücher, die eine ganzheitliche Betrachtungsweise mit dem Gedanken genußvollen Essens verbinden, sind mittlerweile zu einer eigenständigen Richtung geworden, die als gelungene Synthese aus fernöstlicher Makrobiotik und Rohkost angesehen wird. Axel Meyer leitet seit mehreren Jahren Seminare zu den Themen »Gesunde Ernährung«, »Ganzheitlich leben«, »Kosmologie des Augenblicks« u. a.

Im Goldmann Taschenbuch Verlag liegen von Axel Meyer außerdem vor:

Müsli-Buch. (10489)
Vollwertkost – so natürlich wie möglich. (10490)
Von Birgit und Axel Meyer:
Vollwertkost locker flockig. Neue Variationen kulinarischer Kochkunst. (10487)

AXEL MEYER

DIE KUNST DES BACKENS

GOLDMANN VERLAG

Das Zitat auf Seite 7 stammt aus: *Khalil Gibran:* Der Prophet. Walter Verlag. Freiburg 1987. (Mit freundlicher Genehmigung des Walter Verlags.)

Der Goldmann Verlag ist ein Unternehmen der Verlagsgruppe Bertelsmann

Made in Germany · 2/90 · 1. Auflage
Genehmigte Taschenbuchausgabe
© 1979 der im TAOASIS Verlag erschienenen Originalausgabe by Axel Meyer
Umschlaggestaltung: Design Team München
Umschlagfoto: Ulla Mayer-Raichle, Kempten
Satz: Uhl + Massopust, Aalen
Druck: Presse-Druck, Augsburg
Verlagsnummer: 10488
Lektorat: Johannes Jacob
Herstellung: Gisela Ernst
ISBN 3-442-10488-2

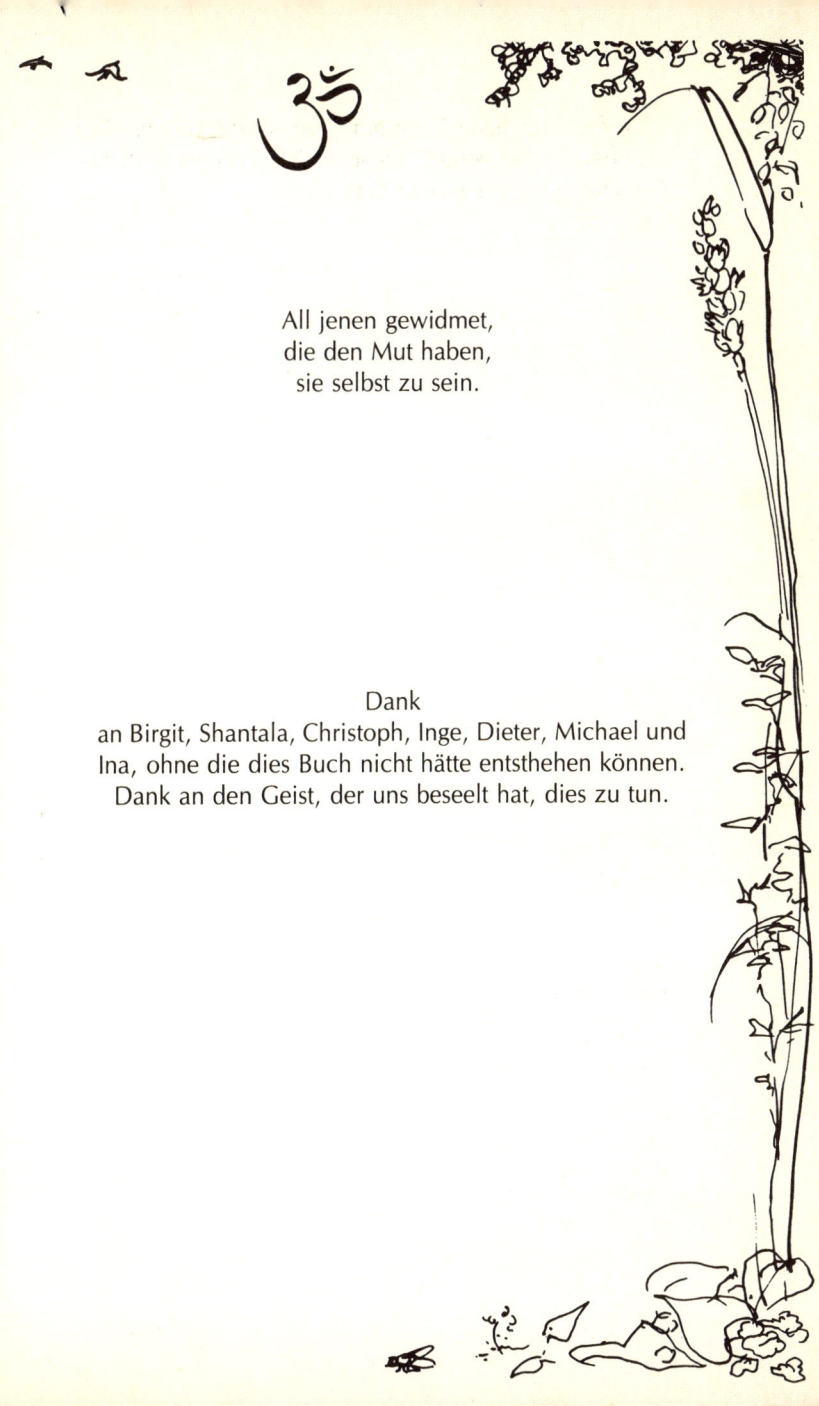

All jenen gewidmet,
die den Mut haben,
sie selbst zu sein.

Dank
an Birgit, Shantala, Christoph, Inge, Dieter, Michael und
Ina, ohne die dies Buch nicht hätte entsthehen können.
Dank an den Geist, der uns beseelt hat, dies zu tun.

Der Wind redet nicht süßer zu den Rieseneichen
als zum geringsten aller Grashalme;
und nur der ist groß, der die Stimme des Windes
verwandelt in ein Lied und durch dessen Liebe
das Lied noch süßer wird.
Arbeit ist sichtbar gewordene Liebe.
Und vermöget ihr nicht mit Liebe zu schaffen,
doch nur mit Widerwillen, so verlasset lieber
eure Arbeit und setzet euch an das Tor des Tempels,
um Almosen zu empfangen von jenen, die freudig arbeiten.
Denn so ihr Brot gleichgültig backt, backt ihr ein
bitteres Brot, das den menschlichen Hunger nur halb stillt.

Kahlil Gibran

Inhalt

Sauerteig-Brot

Hefe-Sauerteig-Brot

Backferment-Brot

Honig-Salz-Brot

Kuchen

Tee-Gebäck

Vorwort

Jetzt, wo die Blütenpracht des Sommers den Früchten des Herbstes weicht, ist aus unserer Rezeptsammlung ein Buch geworden.

Mit Erstaunen haben wir beobachtet, wie sich das Kosmische Mosaik nach und nach zusammenfügte. Der Tanz des Lebens hat uns zusammengeführt, um uns diese Aufgabe erfüllen zu lassen. Welche Freude empfanden wir, dies tun zu dürfen.

Wir, die wir bis vor kurzer Zeit nichts voneinander wußten, haben uns getroffen und auf unbeschreibliche Weise ergänzt. In ländlicher Umgebung, inmitten von Bäumen, Blumen und Tieren, ist die Dreiheit von Inhalt, Schrift und Zeichnung zur Einheit verschmolzen. Dies alles geschah — mit notwendigen Unterbrechungen, für die unsere Tochter Shantala sorgte — im kosmischen Rhythmus der Natur.

Dies Buch, das nicht von, aber durch Menschenhand entstanden ist, soll dir Wegweiser und Inspiration zugleich sein. Wenn du offen und für unsere Botschaft empfänglich bist, kannst du die Kunst des Backens erfahren und damit deinem Leben einen Teil seiner Ursprünglichkeit wiedergeben.

Die Rezepte, welche die natürliche Grundlage des Buches bilden, sind — bis auf einige Ausnahmen — selbst entwickelt. Die meisten sind in einem schöpferischen Moment ganz spontan entstanden und erst hinterher auf Papier festgehalten worden.

Versuche, nicht an den Zahlen zu haften, sondern entwickele an Hand der Anleitung ein eigenes Gefühl für den

Teig. Benutze die Mengenangaben, wenn du unsicher bist, und spüre selbst, wann der Teig gut ist.

Sieh dieses Buch als eine Hand, die dich beim Gehenlernen hält; hast du es einmal gelernt, laß sie los. Erfinde deine eigenen Rezepte, backe deine eigenen Brote, und teile deine neuen Erfahrungen mit anderen.

Oktober 1979

Vorwort zur 14. Auflage

Als »Die Kunst des Backens« im Oktober 1979 erschien, stand die Vollwert-Bewegung gerade am Anfang. Heute, nach nunmehr 10 Jahren, ist das, was damals belächelt wurde, salonfähig geworden.

Begünstigt durch die sich ständig verschlechternden Lebensbedingungen sowie das rapide Ansteigen ernährungsbedingter Zivilisationskrankheiten, hat sich die anfangs ablehnende Haltung gegenüber dem »Vogelfutter« in ein allgemeines Interesse an gesunden, vollwertigen Lebensmitteln gewandelt. Wenn der Anteil der Vollwertköstler in der Gesamtbevölkerung immer noch verschwindend gering ist, so ist dennoch zu beobachten, daß zunehmend mehr Menschen einer gesunden Lebensweise aufgeschlossen gegenüberstehen.

Sich gesund zu ernähren und sein Brot selbst zu backen sind zwei Dinge, die sich nicht notwendigerweise bedingen müssen. Doch sich aus dem frisch gemahlenen Korn sein eigenes Brot zu backen ist auch heute noch für viele Menschen der Einstieg in eine vollwertige Ernährungsweise. Dies liegt nicht zuletzt daran, daß das Backen, besonders das Brotbacken, seit jeher mit einem Gefühl der Ursprünglichkeit verbunden wurde.

Das Brotbacken ist zwar heute nicht mehr ganz so abenteuerlich wie zu Zeiten der alten Windmühlen und Steinbacköfen. Doch das ganze Korn in der eigenen kleinen Haushalts-Getreidemühle frisch zu vermahlen und noch duftend zu verbacken macht nicht nur Spaß, sondern weckt Lebensfreude und dient der Gesunderhaltung des eigenen Körpers.

Obwohl der Zusammenhang zwischen dem übermäßigen Verzehr von tierischen Produkten und den zunehmenden Allergien immer breitere Kreise zieht, sind die meisten Menschen noch der Ansicht, ohne Butter, Milch und Ei lasse sich kein »richtiger« Kuchen backen. Dieses Vorurteil möchten die Rezepte dieses Buches gern entkräften. Kuchen und Kleingebäck, aus frischem Vollkornmehl, Honig, Äpfeln und Mandeln zubereitet, lassen sich nicht nur hervorragend verbacken, sondern sie schmecken auch hervorragend und sind zudem noch ein Genuß ohne Reue.

Doch glauben Sie nicht einfach, was hier geschrieben steht, sondern probieren Sie es selbst aus, und lassen Sie sich überraschen.

Aerzen, im Januar 1990

Warum Gebäck aus Vollkorn?

Schon seit Jahrtausenden ist das Getreide die Grundlage für unser täglich Brot.

Früher wurde es noch überwiegend in kleinen Mühlen gemahlen, von denen die Bäcker dann stets frisches Vollkornmehl erhielten. Zur damaligen Zeit war dies auch gut möglich, da die Bevölkerung größtenteils in ländlichen Siedlungen, Dörfern und Kleinstädten wohnte und das Korn nicht auf Vorrat gemahlen zu werden brauchte.

Dies änderte sich jedoch mit Beginn der Industrialisierung, als riesige Städte und Industriegebiete entstanden, die eine gewisse Vorratswirtschaft notwendig machten.

Vollkornmehl ist jedoch wegen der in der Keimanlage enthaltenen Öle, die in vermahlenem Zustand schnell oxydieren und bald einen ranzigen, bitteren Geschmack bewirken, nur begrenzt haltbar. Deshalb entwickelte man Schäl- und Aussiebungsverfahren, um den Keimling und die Hüllen des Getreidekorns vom übrigen Mehlkern zu trennen. Hieraus entstanden die unbegrenzt haltbaren »Auszugsmehle«, die wahrlich nur noch ein Auszug des vollen Getreidekorns sind.

Zur gleichen Zeit wurden durch erste ernährungswissenschaftliche Untersuchungen die Hauptnahrungsbestandteile Eiweiß, Fett und Kohlehydrate entdeckt. All die anderen, noch unerforschten Stoffe faßte man leichtfertig unter dem Sammelbegriff »Ballaststoffe« zusammen. Da man annahm, diese seien für den Körper nur Ballast, isolierte man sie von den übrigen Bestandteilen, um somit dem Körper nur die reinen Energieträger zuzuführen. Diese wissenschaftliche Feststellung hatte sich die Nah-

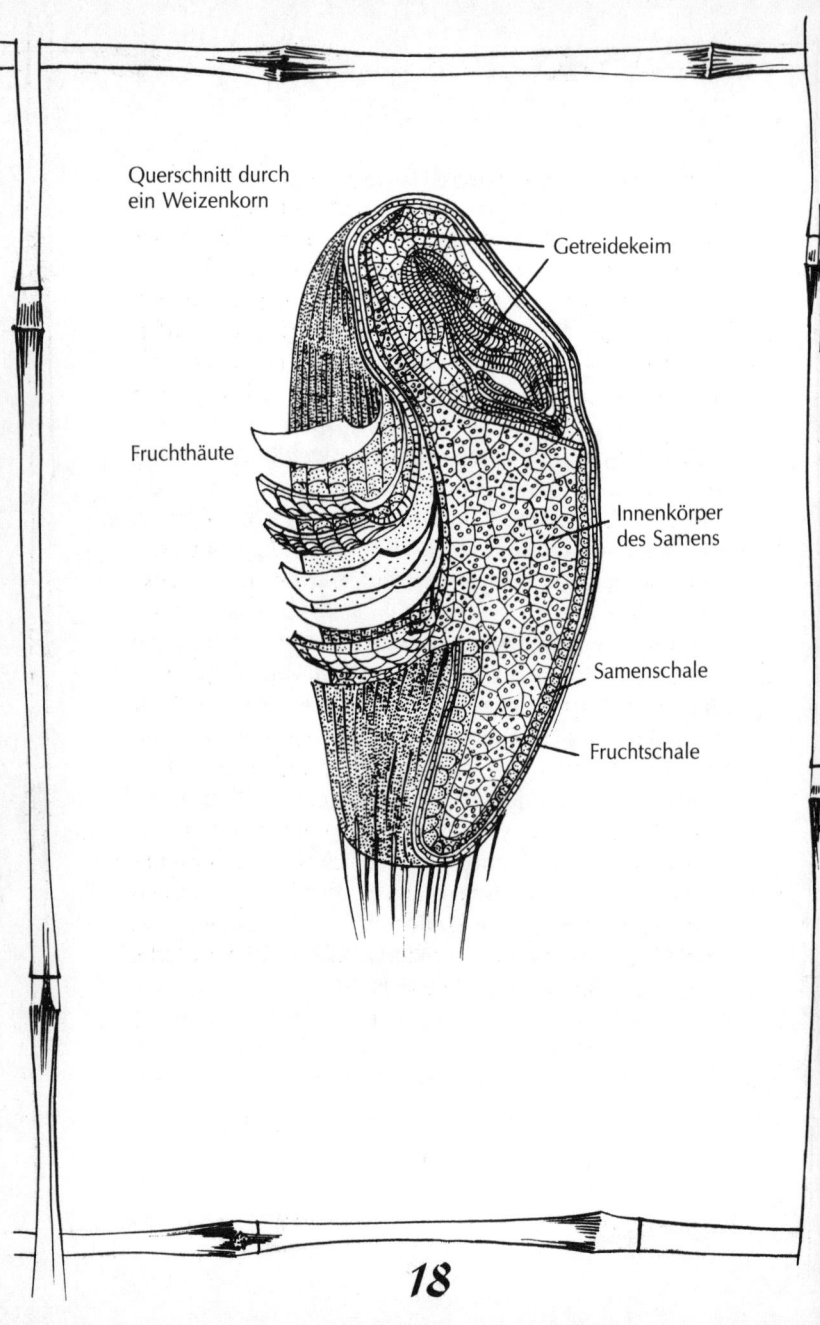

Querschnitt durch
ein Weizenkorn

Getreidekeim

Fruchthäute

Innenkörper
des Samens

Samenschale

Fruchtschale

rungsmittelindustrie schon zur Grundlage für die Werbung ihrer neuen Produkte (Auszugsmehl, Zucker) gemacht, als kurze Zeit darauf durch die Entdeckung der Vitamine und Spurenelemente in den Ballaststoffen die alten Vorstellungen zunichte gemacht wurden. Da jedoch die ganze Maschinerie schon in Gang gebracht worden war und entsprechende Änderungen vermutlich sehr aufwendig gewesen wären, ignorierte man einfach die neuen Erkenntnisse.

Inzwischen sind zahlreiche Veröffentlichungen über dieses Thema erschienen, doch die einstigen Annahmen haben eine derartige Zählebigkeit entwickelt, daß heute die meisten Menschen noch immer in Unkenntnis über ihre Nahrungsmittel und die daraus entstehenden Krankheiten leben.

Wir sollten wieder lernen, unsere Nahrung bewußt auszuwählen, liebevoll zuzubereiten und in ihrer natürlichen Ganzheit zu uns zu nehmen. Das Getreidekorn z. B. ist von einer biologisch einzigartigen Ausgewogenheit, daß es durch kein von Menschenhand entwickeltes technisches Verfahren veredelt werden kann.

Gerade der entfernte Keim und die Randschichten des Korns enthalten die für unseren Körper lebensnotwendigen Vitamine, hochungesättigte Fettsäuren, Mineralien und Spurenelemente wie Kupfer, Nickel, Kobalt, Zink und Gold. Die natürlichen Pflanzenfasern (Ballaststoffe) sorgen für eine geregelte Verdauung.

Die
Zutaten

Das Brot beginnt beim Getreide

Wollen Sie also ein wirklich gesundes, wohlschmecken-des Brot backen, so kaufen Sie sich kein Mehl, sondern biologisch angebautes Getreide und lassen es direkt vor dem Backen mahlen.

Es ist sehr wichtig, mit frischem Mehl zu backen, denn die im Getreide enthaltenen, für unseren Körper so wertvollen Vitalstoffe oxydieren nach dem Vermahlen sehr rasch und geben dem Mehl schon nach 1–2 Wochen, bei heißem Wetter sogar nach wenigen Tagen, einen ranzigen und muffigen Geschmack. Auch die wichtigen natürlichen Aromastoffe, die dem Brot einen besonders wohlriechen-den Duft verleihen, verflüchtigen sich bereits innerhalb von zwei Stunden nach dem Mahlen.

Haben Sie noch keine eigene Getreidemühle und nicht die Möglichkeit, das Getreide im Makro-Laden oder Reformhaus direkt vorm Backen mahlen zu lassen, müs-sen Sie sich zunächst mit Vollkornmehl zufriedengeben, mit dem Ihr Brot allerdings nie ganz so gesund und schmackhaft werden kann, da das Mehl meist schon einige Tage alt ist.

Wenn Sie Mehl kaufen, achten Sie darauf, daß Sie auch wirklich Vollkornmehl bekommen, denn die meisten im Handel üblichen Mehlsorten sind ganz oder teilweise entwertet. Sie können sie an ihrer Typenbezeichnung erkennen, welche jeweils die bei der Verbrennung von Mehl zurückbleibende Menge Mineralstoffe angibt.

Wenn 100 g Weizenvollkornmehl 1700 Milligramm Mineralstoffe enthält, bekommt es die Typenbezeichnung 170. Roggenvollkornmehl vom Typ 1800 hat demnach einen Mineralstoffgehalt von 1800 Milligramm pro 100 g. Alle übrigen Mehlsorten mit einer niedrigeren Typenbezeichnung (wie 1050, 550, 405) sind Auszugsmehle, die je nach Aussiebungsgrad ganz oder teilweise von den mineralstoffhaltigen Hüllen und vitaminreichen Keimlingen getrennt worden sind.

Hinzu kommt, daß die meisten Auszugsmehle aus konventionell angebautem Getreide hergestellt werden, welches einer starken Fremdstoffbelastung ausgesetzt ist. Die Kette beginnt mit dem Zusatz chemischer Gifte bei der Lagerung des Saatgetreides. Das vor der Aussaat mit einer Quecksilberlösung gebeizte Korn kommt dann in einen einseitig mit Stickstoff überdüngten Boden. Da die Halme bei dieser Düngung jedoch so lang werden, daß sie umknicken, müssen sogenannte Halmverkürzer eingesetzt werden, die das Längenwachstum der Pflanzen hemmen. Rückstände davon sind in dem Korn nachgewiesen, gelten aber bis jetzt noch als harmlos. Die ständig zunehmenden Pilzerkrankungen und tierischen Schädlinge müssen nicht selten mehrmals mit chemischen Spritzungen bekämpft werden. Abschließend wird das eingebrachte Korn – um es gegen Ungeziefer zu schützen – in einem Getreidesilo mit Blausäure und Nikotinpräparaten durchgast; diese Methode ist auch besonders bei Schiffsladungen (Importware) gebräuchlich.

Ob dann das aus diesem Getreide entstandene Mehl für den menschlichen Organismus gut ist, kann sich jeder selbst beantworten. Wissen wir nicht, daß Medikamente und Gifte noch in homöopathischen Mengen ihre Wirkungen im Körper ausüben, ganz besonders bei ständigem Genuß?

Besser, Sie besorgen sich Vollkornmehl aus biologisch-dynamischem Anbau, d. h., es wird weder der Boden mit Kunstdünger bearbeitet, noch werden die Halme mit chemischen Spritzmitteln behandelt. Jede Ähre reift in dem harmonischen Gefüge der Natur heran, unterstützt durch natürliche Hilfsmittel wie Mist, Jauche und Kräuterextrakte. Es ist sehr interessant und aufschlußreich, einmal einen bio-dynamischen Hof zu besuchen und zu sehen, daß Landwirtschaft auch heute noch ohne jegliche Gifte gut funktioniert.

Wenn Sie Freude am Backen gefunden haben, sehen Sie sich am besten nach einer Getreidemühle um, mit der Sie dann Ihr Getreide vor dem Backen frisch mahlen können. Diese einmalige Anschaffung lohnt sich wirklich, denn durch sie wird unsere Nahrung um so viele lebenswichtige Mineralien und Vitamine reicher, daß Sie schon innerhalb kurzer Zeit mehr Vitalität und ein erhöhtes Wohlbefinden spüren.

Vielleicht haben Sie eine Familie oder Freunde, die Sie mit frisch gebackenem Brot erfreuen können. Sie könnten sich das Getreide direkt von einem Demeter-Hof in 25-kg- oder 50-kg-Säcken holen, dann wird es wesentlich günstiger, als wenn Sie das Korn, oder gar das Mehl, in 1-kg-Tüten kaufen.

Bei der Auswahl einer Getreidemühle sollten Sie der mit Mahlsteinen den Vorzug geben, da diese das Korn sehr schonend zu feinem duftenden Vollkornmehl vermahlt. Eine Mühle mit Metallmahlscheiben zerkleinert das Getreide mehr, als daß sie es mahlt. Diese Methode ist nicht so sanft, und das hieraus entstehende Mehl ist körnig und läßt sich nicht so gut verbacken.

Hier einige Adressen, wo Sie elektrische und handbetriebene Getreidemühlen bestellen können:

- Ludwig Bartsch, Postfach 1203, D-6380 Bad Homburg
- G. und M. Eizenhöfer, Kardinal-Feldberg-Straße 5 a, D-8752 Kleinostheim
- Wilfried Messerschmidt, Karlsruher Straße 15, D-7730 VS Villingen
- Otto F. Hülter-Hassler, Postfach 760, 7831 Königschaffhausen
- Schnitzer KG, Feldbergstr. 11, D-7742 St. Georgen
- Bio-Dienst, Badstraße 59, D-7290 Freudenstadt

Am besten lassen Sie sich zuerst einen Prospekt mit Preisliste zuschicken; dann können Sie in Ruhe eine Mühle auswählen.

Seien Sie konsequent, und kaufen und essen Sie das, was für Ihren Körper gut ist, denn was für ihn gut ist, ist auch für Sie gut.

Seien Sie sich bewußt, daß Sie das Schlechte und Dekadente dieser Gesellschaft fördern, indem Sie es konsumieren. Geben Sie Ihr Geld lieber denen, die auf ihrem Weg ehrlich bemüht sind, anderen genauso zu helfen wie sich selbst. Kaufen Sie da, wo Sie die Produkte noch sehen und in Ruhe auswählen können, und nicht dort, wo grelles Licht und die allzu aufdringliche Reklame der Verpackung Sie blenden.

Lassen Sie sich nicht dadurch täuschen, was die Masse der Menschen macht, sondern gehen Sie Ihren Weg, und erfahren Sie wieder selbst, was für Sie gut ist und Ihrem Wesen entspricht.

Welches Fett sollten Sie verwenden?

Auch bei der Ölherstellung sind die einfachen, natürlichen Verfahren unserer Groß- und Urgroßväter durch die zunehmende Technisierung immer mehr verdrängt worden.

Damals wurden die Öle noch in alter Tradition durch Abschöpfen der kaltgepreßten Ölfrüchte gewonnen und enthielten die fettlöslichen Vitamine und ungesättigten Fettsäuren in ihrer natürlichen Zusammensetzung. Auch in hydraulischen Zylinderpressen und – in neuerer Zeit – in den mit hohem Druck arbeitenden Schneckenpressen lassen sich noch gute Öle herstellen.

Da jedoch bei all diesen mechanischen Verfahren ein geringer Prozentsatz Öl im Ölkuchen zurückbleibt und dem Erzeuger verlorengeht, ist man dazu übergegangen, mit hoher Hitze und Lösungsmittelextraktion zu arbeiten. Bei letzterer Methode wird das Öl nicht mehr durch Pressung, sondern durch hochgiftige, chemische Fettlösungsmittel gewonnen, die zwar eine totale Ausbeute garantieren, aber alle wesentlichen Vitalstoffe zerstören! Nachweisbare Reste der giftigen Substanzen in den Ölen sind nicht auszuschließen. Dem so entstandenen Produkt ist seine natürliche Herkunft nicht mehr anzusehen. Tatsächlich handelt es sich nicht mehr um ein naturbelassenes Pflanzenöl, sondern vielmehr um ein industrielles, denaturiertes Erzeugnis, das all seiner ursprünglichen, wertvollen Bestandteile beraubt wurde.

Die äußerst reaktionsfreudigen, für unseren Organismus lebensnotwendigen ungesättigten Fettsäuren werden alle in gesättigte überführt, die tot sind und keine andere Bindung mehr eingehen können. Diese nehmen die meisten von uns ohnehin schon zur Genüge in anderer Form zu sich.

Die durch den Genuß dieser Öle möglicherweise entstehenden Krankheiten sind heute noch unerforscht. Wenn Sie Ihren Körper davor bewahren wollen, sollten Sie nur kaltgepreßte, unraffinierte Pflanzenöle verwenden. Sie werden auf schonende Weise gewonnen und enthalten die natürlichen Bestandteile in der Form, wie sie unser Organismus benötigt.

Auch beim Margarinekauf sollten Sie aufpassen, denn die handelsüblichen Margarinen sind alle künstlich gehärtet und vitaminisiert. Sie werden aus minderwertigen pflanzlichen und tierischen Ölen gewonnen. Der Zusatz von chemischen Emulgatoren, welche die Fett-Wasser-Emulsion stabil halten sollen, ist längst selbstverständlich. Sie enthalten noch eine Reihe anderer chemischer Substanzen, deren Auswirkungen für den Körper noch undurchschaubar sind.

Sie sollten lieber ungehärtete Pflanzenmargarine mit mehrfach ungesättigten Fettsäuren in die Gruppe Ihrer Nahrungsmittel aufnehmen. Es ist besser, einige sorgfältig ausgewählte Lebensmittel in der Tasche zu haben als eine Vielzahl minderwertiger Produkte.

Die »süße Droge«

Womit können Sie Ihr Gebäck süßen, damit es gut schmeckt und zugleich nahrhaft und gesund ist?

Einige wissen vielleicht, daß dies mit Zucker nicht möglich ist, da er das Endprodukt eines langen chemischen Verfahrens ist und nicht mehr als natürliches Lebensmittel betrachtet werden kann. Dieser aus Zuckerrohr oder Zuckerrüben gewonnene Fabrikzucker schädigt nicht nur die Zähne, sondern belastet zudem den gesamten Stoffwechsel. Er zählt wie alle Auszugsmehle zu den isolierten Kohlehydraten, die zu erhöhter Säurebildung im Magen führen. Diese muß unser Körper hauptsächlich durch Kalk und Mineralstoffe neutralisieren, um das Säure-Basen-Gleichgewicht aufrechterhalten zu können.

Zucker raubt unserem Körper lebenswichtige Vitalstoffe, wie z. B. Vitamin D, die wir ihm durch eine ausgewogene Diät wieder zuführen müssen. Geschieht dies nicht, hilft sich der Organismus selbst und holt sich die erforderlichen Mineralien aus den Knochen und Zähnen, was Knochendeformation und Karies zur Folge hat. Die Zähne werden also nicht nur durch die direkte Berührung beim Kauen, sondern auch von innen her zerstört!

Auch der braune Zucker, der sich nur durch einen unbedeutenden Anteil an Spurenelementen vom weißen Zucker unterscheidet, ist ein chemisch raffiniertes Produkt, welches unseren Körper nur schädigt und somit für die Bereitung von gesundem, nahrhaftem Gebäck keine Verwendung findet.

Anders ist es mit Bienenhonig, der durch die Vielzahl seiner Vitalstoffe den gesamten Organismus stärkt und nur in rein konzentrierter Form für die Zähne gefährlich ist. Verwenden Sie ihn zum Backen, sollten Sie sparsam sein und bedenken, daß dieser so mühsam gesammelte Nektar durch die hohe Backtemperatur in seiner Struktur zerstört wird und dadurch ein Teil der Fermente und Vitamine für unseren Körper wertlos wird. Honig empfiehlt sich deshalb besonders für rohes Gebäck, damit die ganzen Vitalstoffe erhalten bleiben.

Kuchen und Kekse können Sie nach Belieben mit Trockenfrüchten wie Rosinen, Datteln, Feigen und Aprikosen oder mit Demeter-Sirup aus bio-dynamischem Anbau süßen. Auch Demeter-Malzextrakt und Dicksäfte eignen sich sehr gut.

Solange Sie Süßigkeiten essen, scheint dies das kleinere Übel zu sein, denn tatsächlich benötigt der Körper keinen Süßstoff, da er die ihm zugeführte Stärke mit Hilfe von Vitaminen und Fermenten selbst zu Zucker abbaut. Wenn Sie also das Bedürfnis haben, »Süßigkeiten« zu essen, sollten Sie nur Vollkorn-Gebäck zu sich nehmen, welches gleichzeitig nahrhaft ist und den Körper stärkt.

Das Salz des Lebens

Das Meer, die Mutter aller irdischen Geschöpfe, besitzt die für unseren Organismus so wertvollen Mineralien und Spurenelemente, welche auch in dem aus dem Meer gewonnenen Salz noch in derselben Zusammensetzung enthalten sind.

Diese ausgewogene Mineralmischung des Meersalzes scheint für unseren Organismus eine entscheidende Schlüsselfunktion zu haben. Wissenschaftler haben jetzt die gleiche Zusammensetzung im menschlichen Blut wiederentdeckt. Ist das verwunderlich, da doch alles Leben aus dem Meer entstanden ist?

Es sollte Ihnen deshalb nicht gleichgültig sein, welches

Salz Sie verwenden, denn das aus Salzstöcken schicht-
weise abgebaute Kochsalz ist ein chemisch behandeltes
Produkt, welches nur noch aus Natrium und Chlor besteht
und keine Mineralstoffe und Spurenelemente mehr enthält. Da es somit in seiner biologischen Ganzheit zerstört
ist, sollten Sie es meiden und nur Meersalz verwenden,
das in seiner abgerundeten Fülle belebend und harmoni-
sierend wirkt.

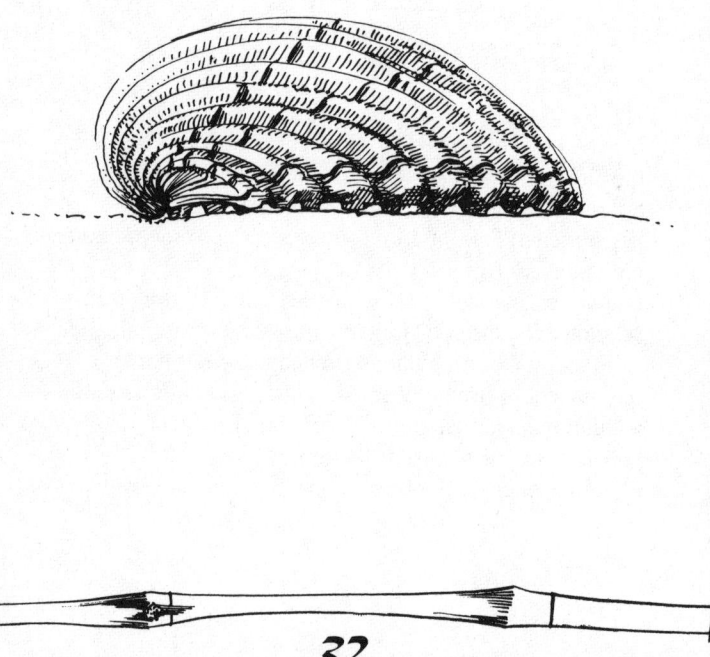

Die
Bearbeitung
des Teiges

Das Ansetzen

Wollen Sie ein Brot mit
einem Teiglockerungs- oder
Triebmittel backen, bereiten
Sie einen sogenannten Voransatz, der je nach Brotart
unterschiedlich ist. Ein Ansatz für ein Hefebrot braucht
10–20 Minuten, der für ein Sauerteigbrot etwa 10–12
Stunden. Hieran können Sie schon die Wirkungsweise
dieser beiden Triebmittel erkennen. Ein Hefebrot geht sehr
schnell auf, hat eine relativ kurze Backzeit, sättigt nicht so
stark und wird wesentlich schneller alt. Bei einem Sauerteigbrot ist es umgekehrt: die Gärung verläuft langsam, die
Backzeit ist länger, der Sättigungsgrad höher, und es bleibt
sehr viel länger frisch.

Dies sollte schon vor dem Ansetzen des Teiges berücksichtigt werden. Entscheiden Sie sich dafür, ein Sauerteigbrot zu backen, brauchen Sie etwas mehr Zeit und
Geduld. Am besten ist es, den ersten Ansatz bei Sonnenuntergang zu bereiten. Für Teigansätze eignen sich besonders hohe, schmale Porzellan- oder Holzschalen, in
denen der Teig nach oben steigen muß und nicht in die
Breite laufen kann (gleiches gilt auch für Hefeteige).

Roggen ist das Getreide, das auf Grund seiner Zusammensetzung die beste Grundlage für eine Sauerteiggärung
bietet. Weizen geht auch noch recht gut, andere Getreide-
arten wie Gerste und Hafer sind nicht so empfehlenswert.
Man kann sie evtl. mit Roggen oder Weizen zusammen-
mischen.

Sauerteig setzen Sie immer mit lauwarmem Wasser an, bedecken ihn mit einem sauberen Tuch und lassen ihn bei Zimmertemperatur von mindestens 18 °C über Nacht ruhen. Bei 18 °C dauert die Gärung in der Regel 12 Stunden. Der Gärungsprozeß wird mit steigender Temperatur beschleunigt (Höchstgrenze ca. 30 °C).

Im Gegensatz zum Sauerteig benötigt ein Hefeansatz, der mit Weizen am besten gelingt, nur einige Minuten. Er ist allerdings wesentlich wärmeempfindlicher und kann absolut keine Zugluft vertragen.

Beim Bereiten eines Hefeteiges verwenden Sie kaltes Wasser. Die Hefe geht dann zwar etwas langsamer auf, das Backergebnis wird aber besser.

Es ist also wichtig, daß Sie beim Ansetzen des Teiges konzentriert sind, denn so, wie Sie den Ansatz machen, so wird meist auch das Brot.

Der Kontakt zum Teig

Ebenso wichtig wie der Ansatz ist der Kontakt zum Teig. Um diesen zu bekommen, bedarf es Ihrer vollen Aufmerksamkeit und Zuwendung. Da es so viele, je nach Triebmittel, Mehl- oder Schrotart unterschiedliche Teige gibt, müssen Sie jedesmal von neuem die Eigenart eines jeden herausfinden. Dieser Eigenart entsprechend bearbeiten Sie den Teig. Es ist schwierig, diesen Ablauf in Worte zu fassen, zumal er jedesmal neu und anders ist. Wichtig ist eigentlich, daß Sie ein Gefühl dafür bekommen, wann der Teig optimal ist, d. h., Sie müssen den Punkt herausfinden, wo die einzelnen Zutaten zueinander in dem Verhältnis sind, daß dann beim Backen ein ausgewogenes Brot daraus entsteht. Dazu darf der Teig weder zu flüssig noch zu fest sein. Er sollte nach Möglichkeit eine elastische, geschmeidige Konsistenz haben und weder an Händen noch Tisch kleben. Dies erreichen Sie, indem Sie Tischplatte und Hände mit Mehl bestreuen und den Teig an einer Stelle immer nur kurz mit den Händen berühren, ihn dann drehen und wieder berühren. Dies ist sehr entscheidend! Hat der Teig das Mehl von der Tischplatte aufgenommen, wieder etwas neues Mehl »unterwerfen« und einige Minuten so fortfahren. Jedoch nicht zuviel Mehl unterkneten, die Brote gehen dann nicht mehr richtig auf und bekommen keine gute Lockerung.

Wenn Sie den Ansatz richtig gemacht haben, brauchen Sie relativ wenig Mehl. Ist er hingegen etwas flüssig, müssen Sie etwas mehr unterkneten, sonst läuft er auseinander. Zu feucht angesetzte Brote bilden beim Backen zu früh eine harte Kruste und bleiben innen auch bei längerer

Backzeit »klitschig«, da das Wasser durch die Kruste nicht mehr entweichen und verdampfen kann.

Schwere Schrotteige sind nicht so elastisch, da geschrotete Körner nicht so gut zusammenhalten wie feines Mehl. Reine Schrotteige backt man deshalb am besten in (Kasten-)Formen oder im Römertopf.

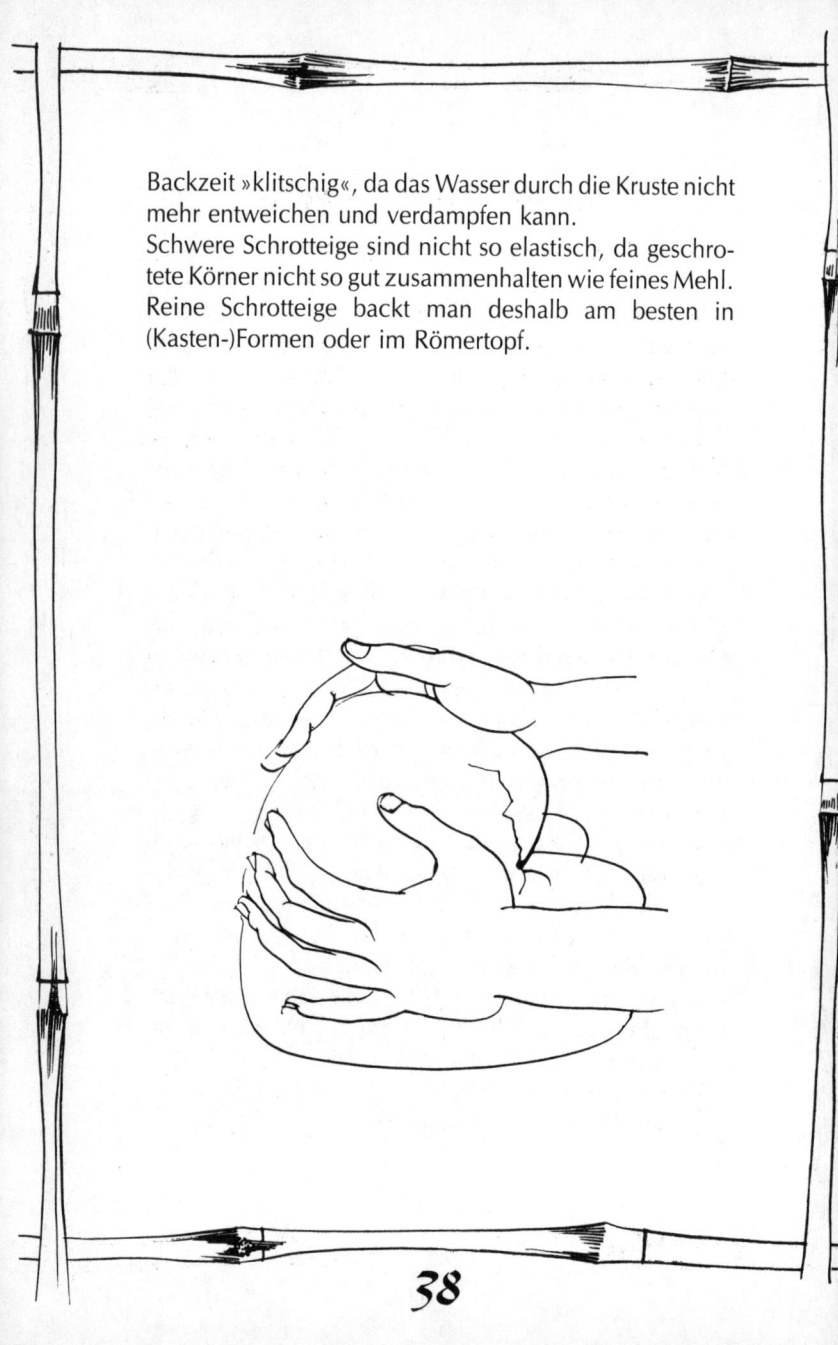

Die Kunst des Knetens

Der Kontakt zum Teig wird hauptsächlich durch Ihr Gefühl bestimmt. Sie können es nicht erlernen, sondern müssen es jedesmal neu erfahren, entdecken. Das Kneten ist dann die sich hieraus ergebende Praxis, die Technik oder Kunst, einen Teig zu bearbeiten. Diese Art und Weise würden Sie vielleicht nach vielen Broten auch selbst herausfinden. Doch ähnlich, wie man die Kunst, ein Instrument zu spielen, lernen kann, ist auch das Kneten eines Brotteiges erlernbar. Diese Kunst ist nicht neu, sondern hat sich im Laufe der Jahrhunderte durch unzählige Schüler und viele Meister herausgebildet. Sie ist eine der ältesten Künste und eine der schönsten.

Das Entscheidende beim Kneten ist die Führung der Hände. Nachdem Sie die Zutaten in der Schüssel gut miteinander vermengt haben, beginnt das eigentliche Kneten. Die Kunst hierbei ist nun, die vordere Seite des Teigrandes mit den Fingern zum Körper hin umzuschlagen und mit dem Handballen in die Teigmitte hineinzukneten. Diese Bewegung, die meist die rechte Hand ausführt, wiederholen Sie, während Ihre linke Hand die Schüssel Stück für Stück im Uhrzeigersinn dreht. Dadurch

 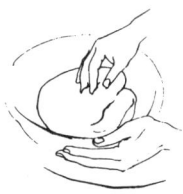 

wird nach und nach der ganze Teigrand in die Teigmitte eingeknetet. Dies bewirkt, daß der Teig an der Außenseite eine große Spannkraft bekommt und das Brot schön aufgeht. Die Bewegung Ihrer Hände sollte hierbei leicht fließend sein.

Wenn Sie den Teig etwa 10 Minuten bearbeitet haben, bedecken Sie ihn mit einem sauberen Tuch und überlassen ihn sich selbst. Nach etwa 20 Minuten können Sie ihn aus der Schüssel nehmen und auf einen bemehlten Tisch legen. Nun beginnt das sogenannte »Aufmachen«. Bei diesem Prozeß gehen Kneten und Formen des Teiges ineinander über. Man könnte auch sagen, daß der Teig zu einem Brotlaib geknetet wird.

Hierbei führen beide Hände eine ähnliche Bewegung aus wie beim einhändigen Kneten. Zuerst drücken Sie den Teig etwas platt, nehmen dann mit den Fingern den Teigrand, schlagen ihn zum Körper hin um und drücken ihn mit beiden Handballen ein. Diese Bewegung wieder-

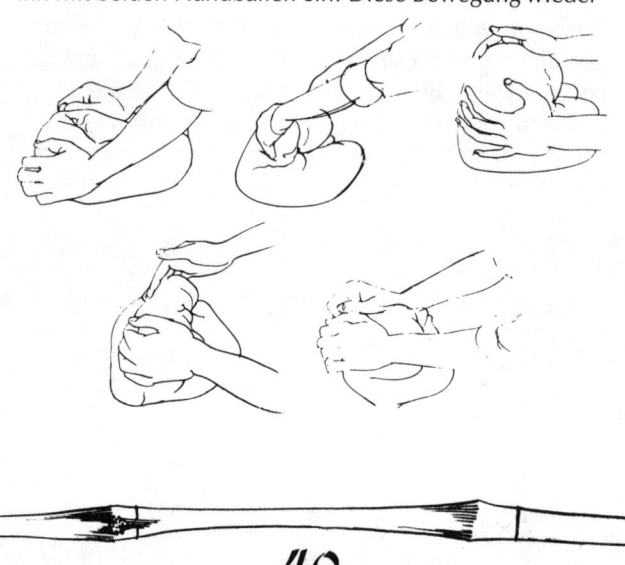

holen Sie so lange, bis der Teig glatt und geschmeidig ist. Zwischendurch bestreuen Sie Tisch und Hände mit Mehl, damit der Teig nicht klebt.

Beim Brotlaibformen schlagen Sie dann das Teigstück einmal vorne um und danach von den beiden äußeren Seiten rechts und links, so daß die Oberfläche schön gespannt ist. Wenn Sie einen runden Brotlaib formen möchten, legen Sie den Teig auf die Naht und drehen ihn mit beiden Händen so lange, bis er schön rund ist.

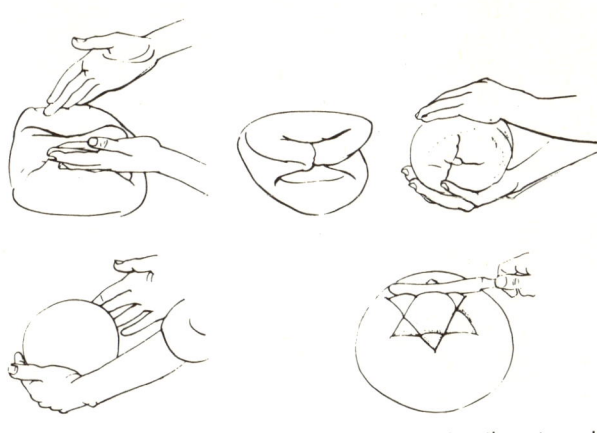

Bei einem langen Laib genügt es, wenn Sie ihn einmal umschlagen und dann mit der Naht nach unten auf ein bemehltes Blech legen.

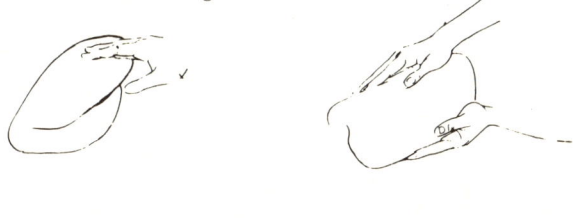

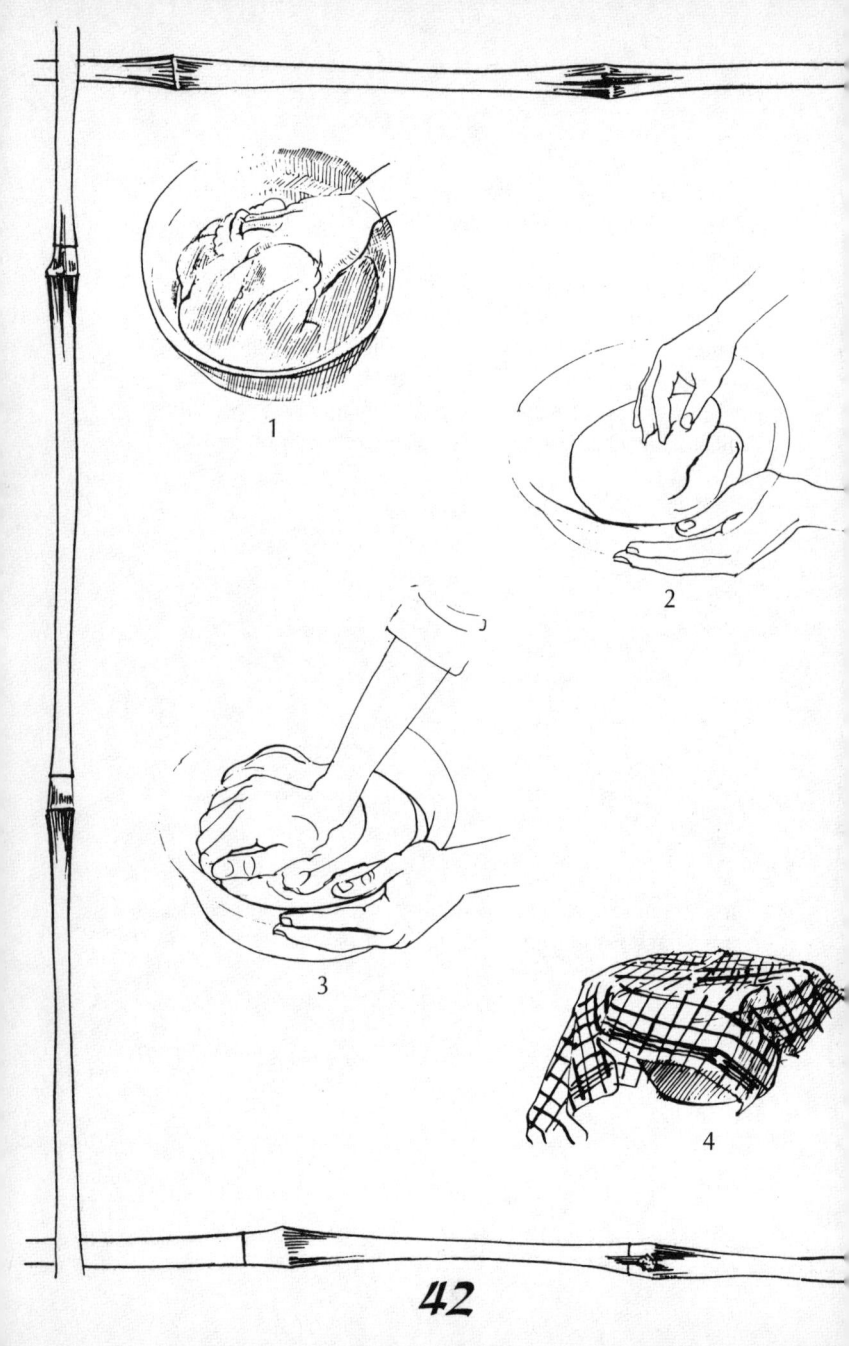

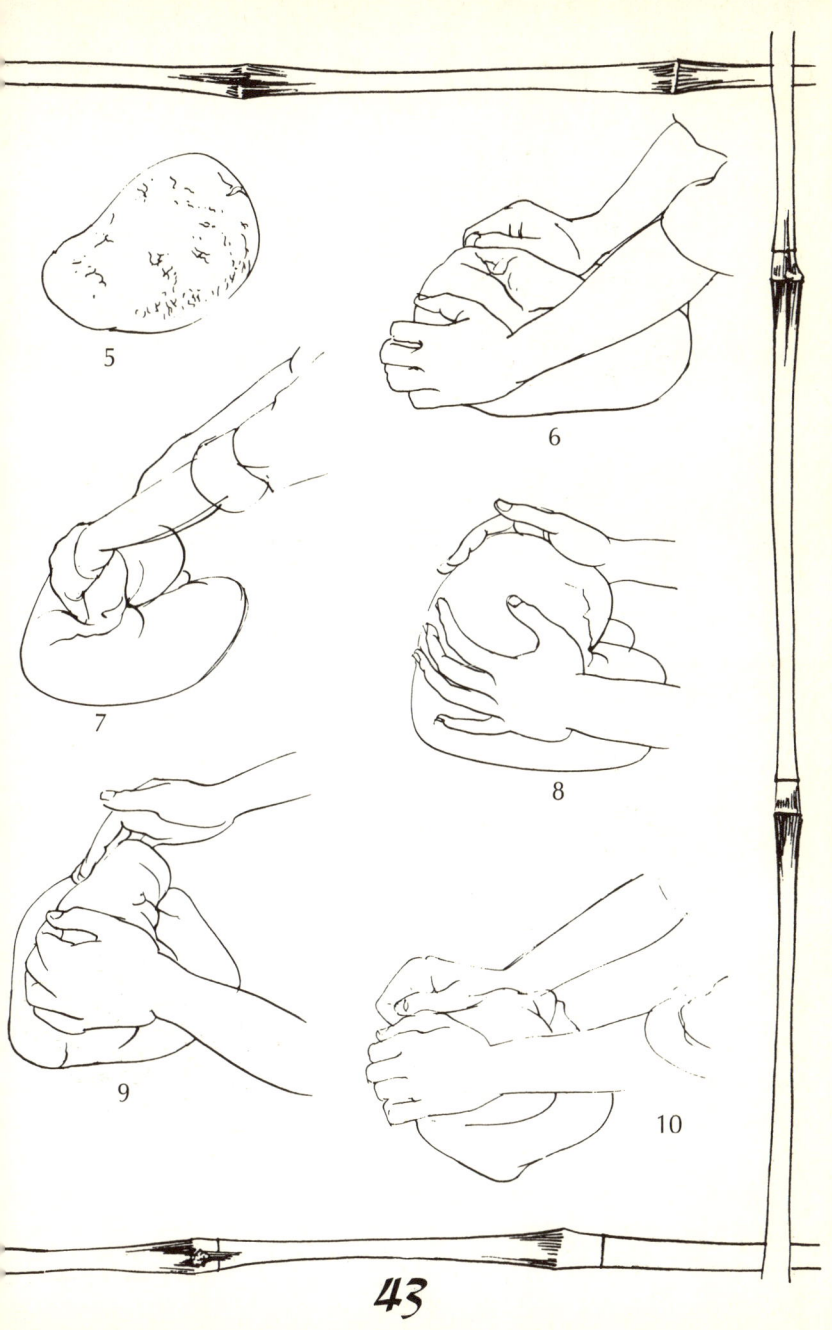

5

6

7

8

9

10

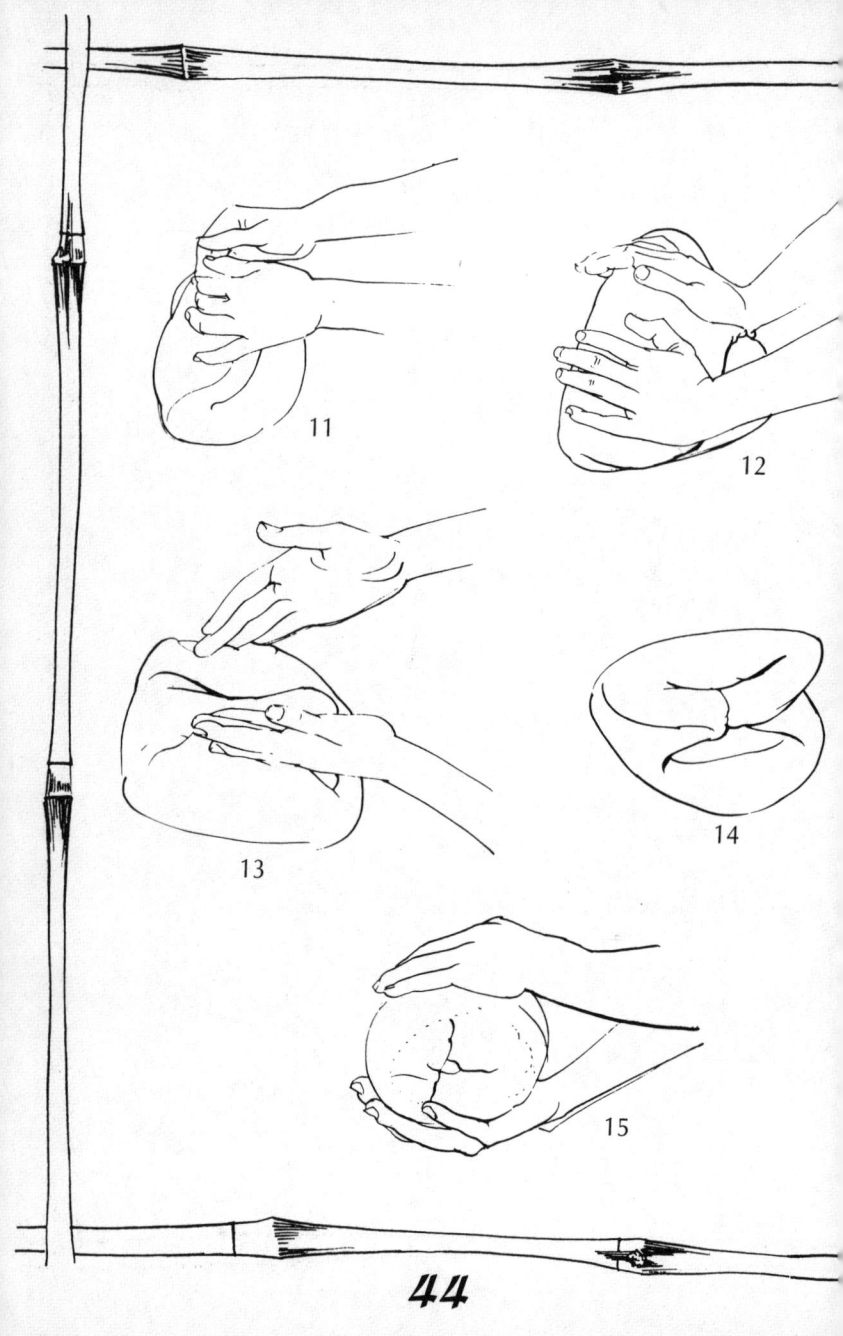

11

12

13

14

15

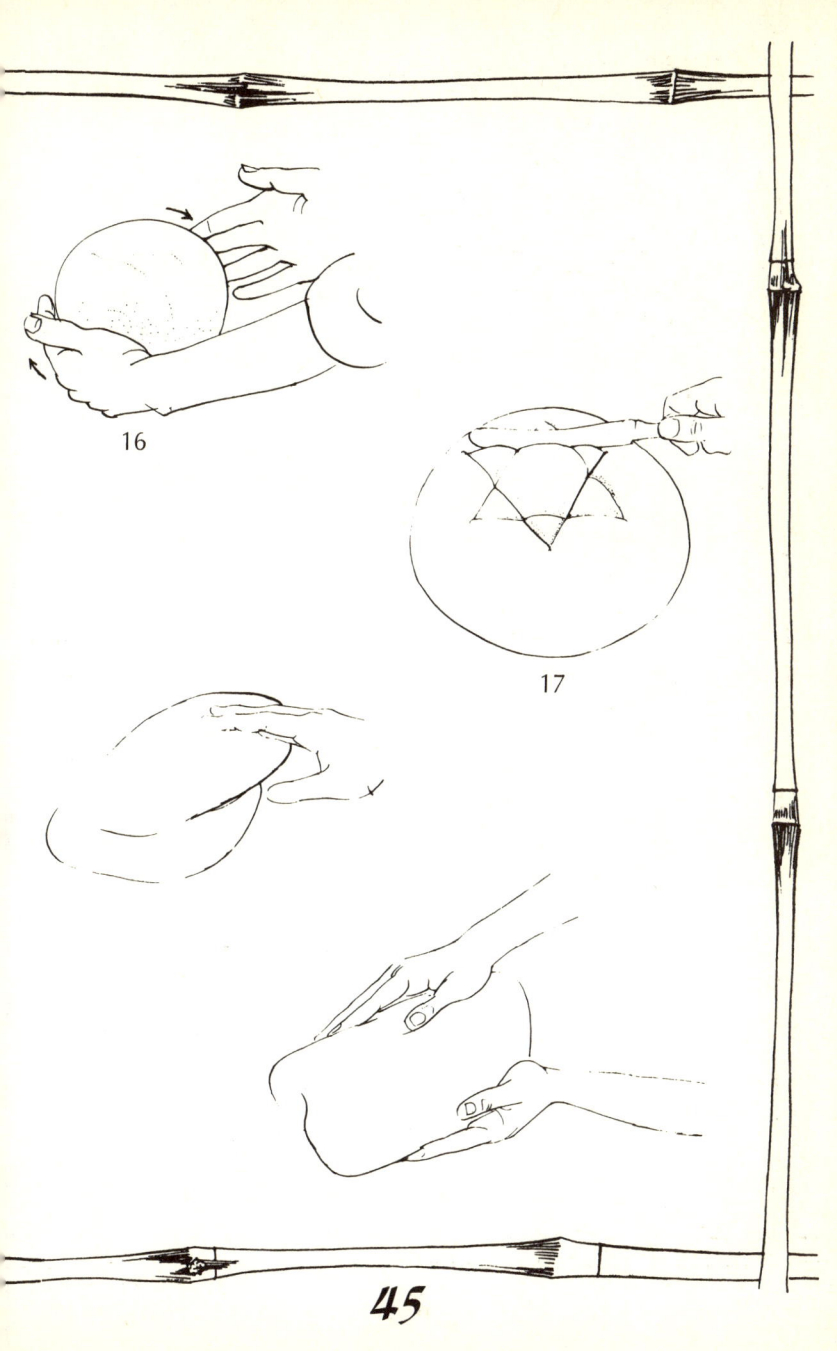

16

17

Das »Reifen«

Ein Teig reift in dem harmonischen Wechsel von Bewegung und Ruhe. Zuerst bearbeiten Sie ihn, dann beginnt er selbst zu arbeiten, indem er aufgeht. Anschließend kneten Sie ihn wieder und lassen ihn nochmals ruhen. Der Teig hat also eine aktive und eine passive Phase, einmal arbeitet er selbst, ein anderes Mal wird er bearbeitet.

Wie gut er sich nun in der Ruhezeit entfalten kann, hängt davon ab, wie gut Sie die Zutaten gemischt und geknetet haben. Um gut reifen zu können, müssen Sie dem Teig genau das geben, was er hierzu benötigt: das richtige Verhältnis der Zutaten zueinander, intensives, dynamisches Kneten und genügend Teigruhe. Bei einer optimalen Knetzeit von etwa 10 Minuten ruht der Teig doppelt so lange, also 20 Minuten. Diese Angaben sind natürlich je nach Brotart, -größe und Triebmittel etwas unterschiedlich.

Sie lernen jedoch schneller, wenn Sie nicht an den angegebenen Zeiten festhalten, sondern auf Grund der Beschaffenheit des Teiges selbst herausfinden, wann dieser »gut« ist. Die Konsistenz eines reifen Teiges ist elastisch, locker und geschmeidig (bei Sauerteigen ist dann eine starke Bläschenbildung festzustellen), so daß ein leicht eingedrückter Fingerabdruck wieder verschwindet.

Das Brotbacken

Wenn der zu einem Brotlaib geformte Teig auf dem Blech nochmals gut gegangen ist, können Sie ihn in den vorgeheizten Ofen schieben. Bei Hefe- und Hefe-Sauerteig-Broten empfiehlt es sich, beim Einschieben etwas Wasser in den Ofen zu schütten. Das sofort verdampfende Wasser sorgt für die nötige Starthitze. Bei Backferment-Broten, die etwas länger backen, eine Schale mit Wasser hineinstellen. Den Ofen immer gut vorheizen und je nach Brotart die Temperatur stufenweise senken.

Früher brauchten die Bäcker ihren Ofen nicht herunterzuschalten; denn Steinöfen sind so gut isoliert, daß die zu Anfang mit Holz erzeugte Hitze in dem Maße abnimmt, wie es das Gebäck benötigt. Zuerst, als der Ofen noch ganz heiß war, schob man die Brötchen ein. Nach und nach dann die veschiedenen Brotsorten und zum Schluß den Kuchen. Um auch diesen Effekt der abfallenden Hitze zu erhalten, müssen Sie Ihren Elektro- oder Gasherd herunterschalten (es sei denn, Sie haben einen Steinofen). Wie Sie dies machen, bleibt Ihnen überlassen. Man kann Brote bei konstanter Temperatur backen und 10–15 Minuten vor Schluß den Ofen ganz ausschalten oder aber die Temperatur nach 20 Minuten senken und dann konstant ausbacken.

Bei Hefe- und Hefe-Sauerteig-Broten empfiehlt es sich, die ersten 20 Minuten bei 250 °C zu backen, da die hohe Hitze die Triebkraft der Hefe begünstigt und der Teig in dieser Zeit noch »wächst«. Nach etwa 20 Minuten hat das Brot seine volle Größe erreicht. Zum Ausbacken reicht eine Temperatur von 180 °C.

Backferment- und Honig-Salz-Brote werden bei konstanter Temperatur gebacken.

Wie lange ein Brot gebacken werden muß, hängt von der Beschaffenheit des Teigstückes ab. Handelt es sich um einen schweren Schrot- oder einen leichten Mehlteig?

Ein feines Roggen-Weizenmischbrot von 1 kg ist ungefähr nach 45–55 Minuten fertig. Schwere Brote brauchen etwas länger, Brötchen nur die Hälfte der Zeit.

Wichtig ist auch hierbei, daß Sie ein Gefühl dafür bekommen, wie und wie lange jedes einzelne Brot gebacken werden muß. Fertig ist es meist dann, wenn es eine schöne braune Kruste hat. Klopft man mit dem Finger auf die Unterseite des Brotes, muß es hohl klingen.

Brot ohne Triebmittel

»Chapatis«

indische Fladenbrote

Diese Urform des Brotes entstand bereits vor mehreren Jahrtausenden und ist heute noch für viele Asiaten ihr »täglich Brot«.

Bereitet aus Mehl, Wasser und Salz, wird es zu tellergroßen Fladen gerollt und in wenigen Minuten in einer Pfanne gar gebacken.

Angaben für 6 kuchentellergroße Chapatis:

> 250 g feines Weizen- oder Roggenvollkornmehl
> etwa 150 g Wasser
> 1 TL Meersalz
> ½ TL Kardamom
> 1 MS Chili

Das Mehl und die Gewürze in eine Schale geben, nach und nach das Wasser hineinschütten und unterkneten. Um keine klebrigen Hände zu bekommen, das hinzugefügte Wasser nicht direkt berühren, sondern erst etwas Mehl »darüberwerfen«. Haben Sie alles Mehl mit dem Wasser verknetet, sollte ein geschmeidiger Teig entstehen, der weder an den Fingern noch an der Schüssel klebt. Je länger Sie ihn kneten, desto besser wird er.

Lassen Sie ihn etwa 20 Minuten ruhen, und teilen Sie ihn anschließend in sechs gleich große Stücke, die Sie mit beiden Händen zu Kugeln formen und auf einem bemehlten Brett oder Tisch zu dünnen, runden Fladen ausrollen. Diese werden in einer Eisenpfanne bei mittlerer Hitze von beiden Seiten gar gebacken.

Haben Sie die Chapatis lange genug geknetet, gehen sie in der Pfanne wie eine Blase auf. Dies ist das Zeichen, daß sie fertig sind. Die Kunst hierbei ist, möglichst frisch gemahlenes, feines Mehl zu verwenden, intensiv zu kneten und die Fladen sehr dünn auszurollen. Wird die Pfanne beim Backen zu heiß, werden die Chapatis schwarz, bevor sie aufgehen. Es ist also auch wichtig, die richtige Temperatur herauszufinden.

Chapatis schmecken frisch am besten. Man kann sie nach Belieben mit Margarine, Sesammus, Honig oder Nußmus bestreichen oder sie als Beilage zu Salat oder Suppe essen. Ebensogut können Sie die Fladen mit angedünstetem Gemüse füllen.

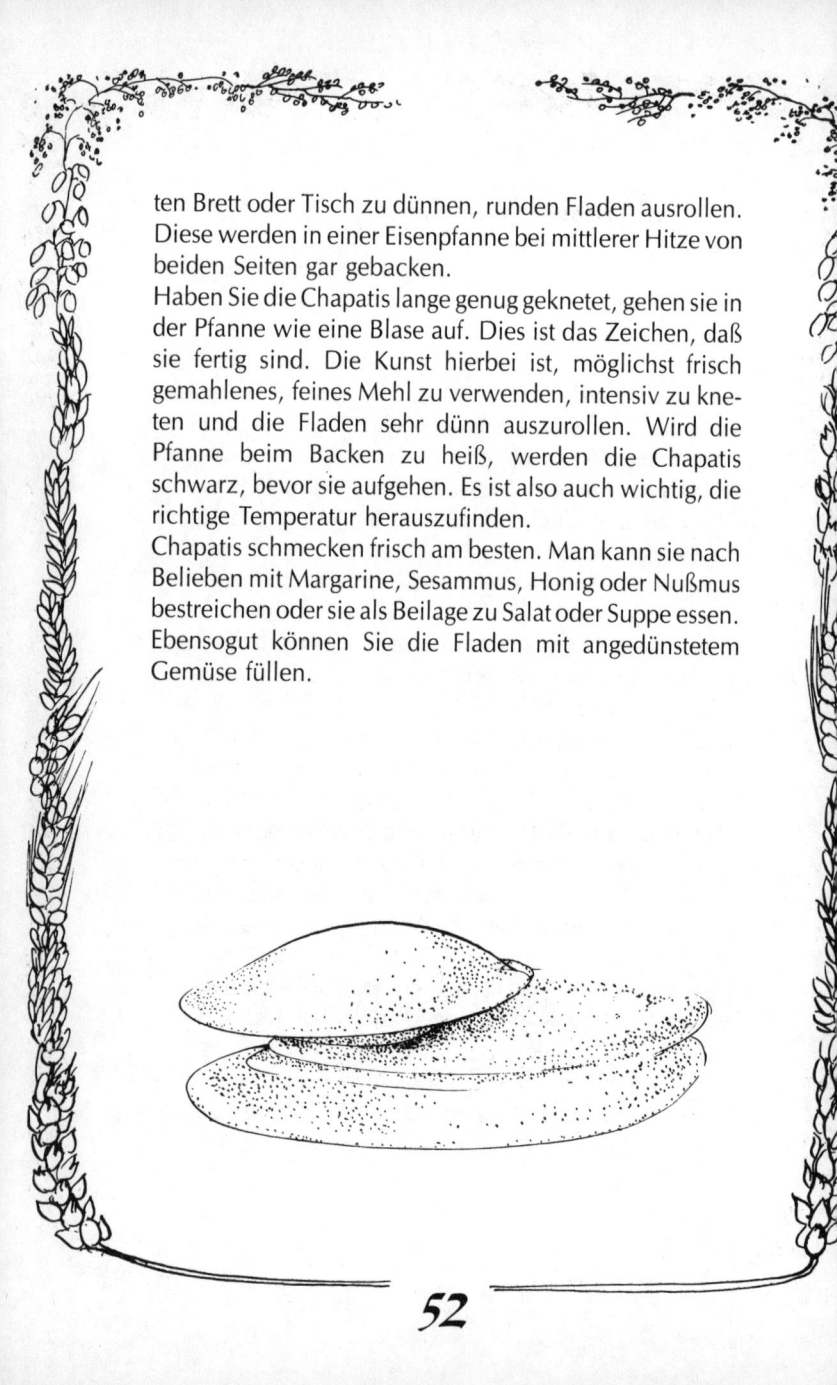

Sesam-Knäcke

zart und knusprig

Zutaten:
450 g Weizenvollkornmehl
50 g Roggenschrot
50 g Sesam
etwa 300 g Wasser
1 TL Meersalz
½ TL Koriander

Alle Zutaten zu einem mittelfesten, geschmeidigen Teig verarbeiten.
20 Minuten Teigruhe!
Jetzt den Teig nochmals intensiv kneten und auf einem gefetteten Blech ausrollen. Schneiden Sie beliebig große Rechtecke aus, und drücken Sie mit der flachen Seite des Messers wiederholt kleine Vertiefungen in den Teig. Bestreichen Sie ihn mit Fett, und streuen Sie Sesam darüber.
Bei 250°C etwa 20–30 Minuten backen.

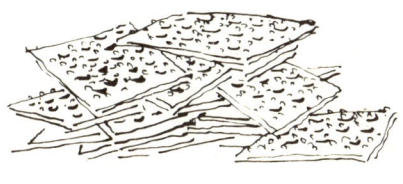

Brot
mit Hefe

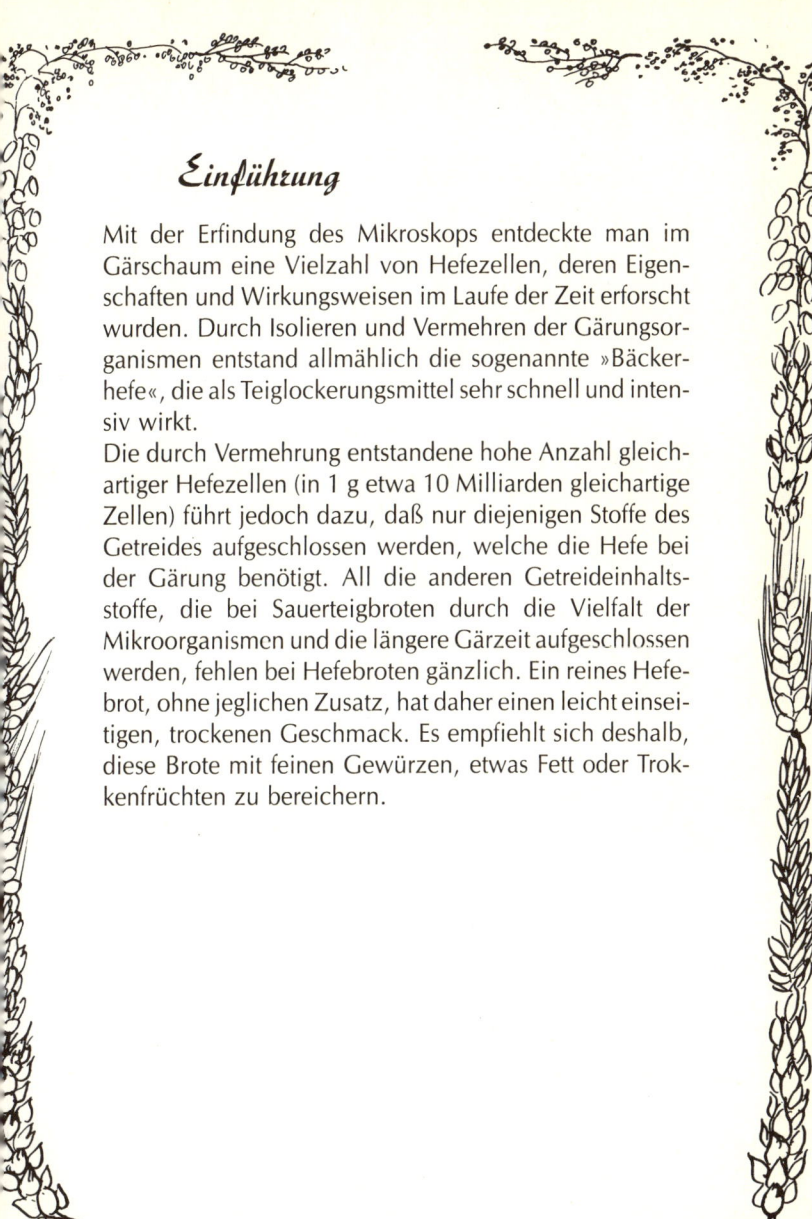

Einführung

Mit der Erfindung des Mikroskops entdeckte man im Gärschaum eine Vielzahl von Hefezellen, deren Eigenschaften und Wirkungsweisen im Laufe der Zeit erforscht wurden. Durch Isolieren und Vermehren der Gärungsorganismen entstand allmählich die sogenannte »Bäckerhefe«, die als Teiglockerungsmittel sehr schnell und intensiv wirkt.

Die durch Vermehrung entstandene hohe Anzahl gleichartiger Hefezellen (in 1 g etwa 10 Milliarden gleichartige Zellen) führt jedoch dazu, daß nur diejenigen Stoffe des Getreides aufgeschlossen werden, welche die Hefe bei der Gärung benötigt. All die anderen Getreideinhaltsstoffe, die bei Sauerteigbroten durch die Vielfalt der Mikroorganismen und die längere Gärzeit aufgeschlossen werden, fehlen bei Hefebroten gänzlich. Ein reines Hefebrot, ohne jeglichen Zusatz, hat daher einen leicht einseitigen, trockenen Geschmack. Es empfiehlt sich deshalb, diese Brote mit feinen Gewürzen, etwas Fett oder Trockenfrüchten zu bereichern.

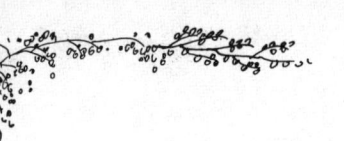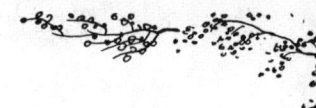

Farmer-Brot

Standard-Hefebrot

Besonders geeignet für all diejenigen, die noch nicht über Backerfahrung verfügen oder keinen Sauerteig vorrätig haben. Dies Brot bedarf, wie alle Hefebrote, keiner längeren Vorbereitung; wenn ein wenig Hefe, Mehl bzw. Getreide vorhanden sind, können Sie sofort anfangen.

Zutaten:
500 g Weizenvollkornmehl
40 g Roggen- oder Weizenschrot
340 g kaltes Wasser
30 g Hefe
10 g Meersalz
1 EL Sirup
Gewürze nach eigener Wahl

Am besten ist es, wenn Sie das Getreide frisch mahlen; dann sind die Nährstoffe, die beim Lagern durch Oxydation verlorengehen, noch alle enthalten.

Danach geben Sie das Mehl in eine nicht zu große Schüssel, machen in der Mitte eine Mulde, bröseln die Hefe hinein und schütten das Wasser – in dem Sie vorher den Sirup aufgelöst haben – langsam über die Hefe. Sie können mit der linken Hand das Wasser gießen, während Sie mit der rechten die Hefe auflösen. Danach mischen Sie immer mehr Wassser und Mehl unter, bis ein homoge-

ner Teig entsteht. Kneten Sie ruhig, aber dynamisch etwa 10 Minuten lang. Dann bedecken Sie die Schüssel mit einem Tuch und lassen den Teig so lange stehen, bis er gut aufgegangen und locker ist, in der Regel 15–25 Minuten, je nach Zimmertemperatur.

Während der Teig ruht, sollten auch Sie ruhen!

Jetzt holen Sie den Teig aus der Schüssel und geben ihn auf den bemehlten Tisch; kneten Sie ihn nochmals (jetzt mit beiden Händen) 10 Minuten gut durch. Ab und zu werfen Sie etwas Mehl unter den Teig, damit er nicht am Tisch klebt. Überhaupt sollte der Teig so beschaffen sein, daß er weder am Tisch noch an den Händen klebt. Er darf allerdings auch nicht so trocken sein, daß Falten entstehen. Kneten Sie möglichst immer nach innen, d. h. die äußeren Seiten in die Mitte schlagen und einkneten. Auf diese Art und Weise bleibt der Teig auf der jeweils anderen Seite immer gespannt und wird schön elastisch. Zum

Schluß klappen Sie ihn von beiden Seiten her um, so daß sich eine gerade Naht ergibt, auf welcher der Teig dann liegt. Nun den Teig auf ein bemehltes Blech geben und nochmals 10–20 Minuten ruhenlassen.

Den Ofen auf 300°C vorheizen. Wenn Sie den Laib einschieben, schalten Sie auf 250°C herunter und schütten etwas Wasser in den Ofen; das gibt der Hefe die nötige Starthitze. Nach 20 Minuten die Temperatur auf 180°C senken.

Gesamtbackzeit: etwa 50 Minuten.

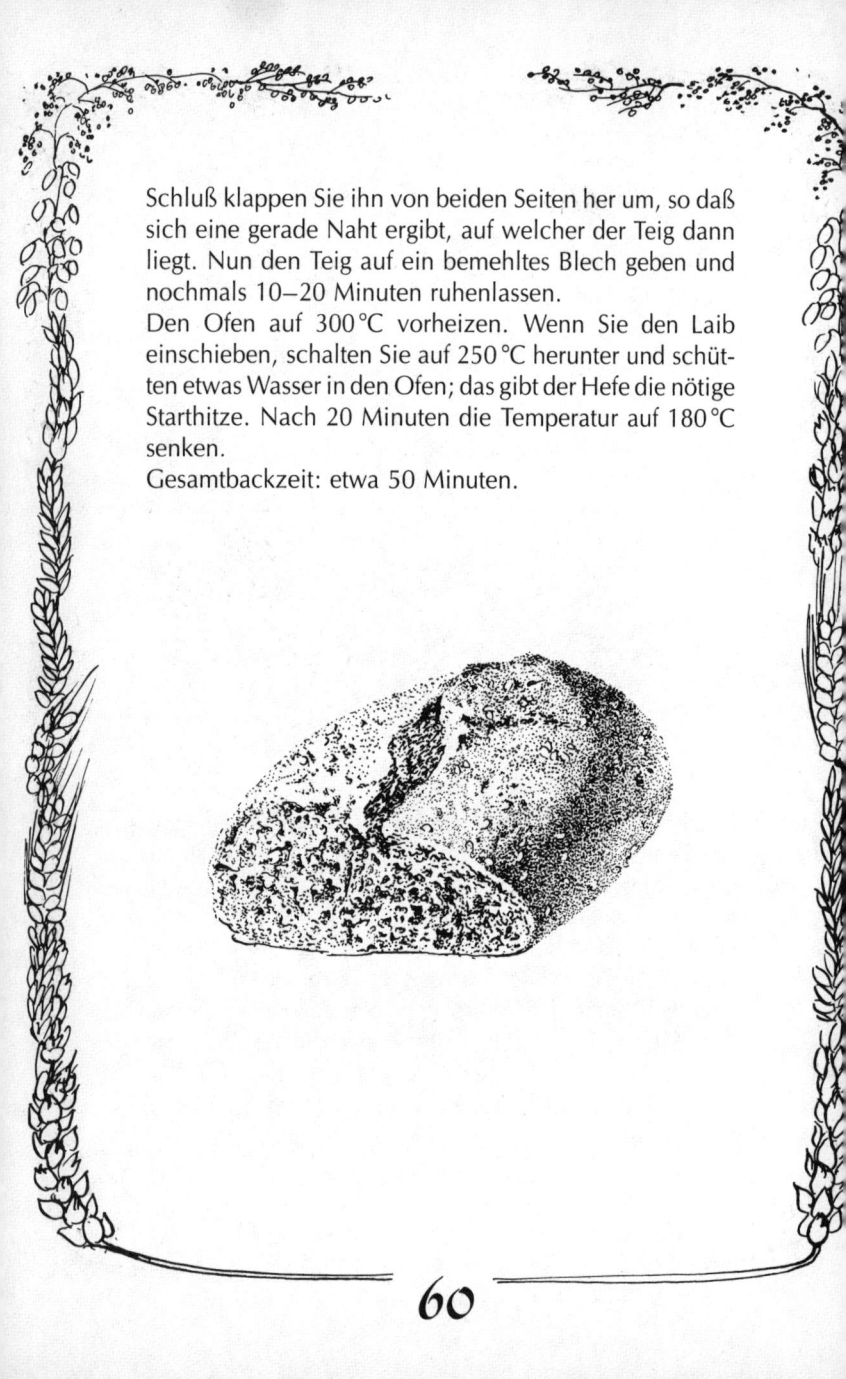

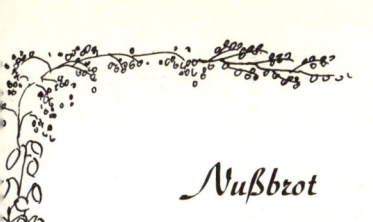

Nußbrot

ein sehr lockeres, kuchenartiges Brot

Zutaten:
500 g Weizenvollkornmehl
250 g gemahlene Haselnüsse
100 g unraffiniertes Pflanzenöl
1½ Stück Hefe
etwa 250 g Wasser
15 g Meersalz
1 EL Zimt
¼ TL Nelken
2 EL Honig (oder mehr)

Zuerst Mehl, Hefe und Wasser zu einem mittelfesten Teig kneten. 10–15 Minuten ruhenlassen.
Dann das Öl, die Nüsse, das Salz sowie alle anderen Gewürze untermischen und so lange kneten, bis der Teig schön geschmeidig ist. Auf dem Tisch einen Brotlaib formen und auf dem bemehlten Blech nochmals 15–20 Minuten ruhenlassen.
Bei 230°C etwa 40–45 Minuten backen.

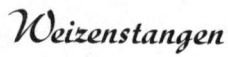

Weizenstangen

Zutaten für 2 Stück:

(1000g) 600 g Weizenvollkornmehl

(85g) 50 g Sirup

(85g) 50 g Hefe

(600g) 360 g kaltes Wasser → *bis. mehr Wasser,*
so war der Teig zu trocken und
ging nicht

10 Minuten gut kneten und bedeckt weitere 10 Minuten *richtig auf!*
gehenlassen.

Dann:

(33g) 20 g Meersalz

(85g) 50 g unraffiniertes Pflanzenöl

hinzufügen und so lange kneten, bis ein elastischer Teig
entsteht, den Sie halbieren und auf dem Tisch in etwas
Mehl zu zwei länglichen Brotlaiben formen. Setzen Sie
beide auf ein bemehltes Blech, und lassen Sie sie nochmals 15–20 Minuten ruhen. Den Ofen auf 260 °C vorheizen. Beim Einschieben etwas Wasser in den Ofen schütten
und 30–35 Minuten bei 240 °C backen.

Hefe-Brötchen

Sie können hierfür den gleichen Teig wie für die Weizen-
stangen nehmen.
Nachdem Sie den Teig sorgfältig bearbeitet haben, teilen
Sie ihn in etwa 50–60 g schwere Stücke, formen mit
beiden Händen kleine Bällchen, die Sie nach Belieben in
Sesam, Mohn, Roggenschrot etc. wälzen können. →hält so nicht!
Bei 250°C auf der oberen Schiene etwa 20–25 Minuten muss mit Eiweib be-
backen. strichen werden vorher

Festtagsstollen

Die Vielfalt der Zutaten und die feine Mischung der Gewürze geben diesem kostbaren Gebäck ein ganz besonderes, unvergleichbares Aroma. Es schmeckt bereits frisch sehr gut, bekommt aber erst nach einigen Wochen seinen eigentlichen Stollencharakter.

Zutaten:
1.
400 g Weizenvollkornmehl
50 g Hefe
250 g Wasser
1 EL Honig

zu einem Teig verarbeiten und diesen 10–15 Minuten ruhenlassen.

2.
15 g Meersalz

unterkneten und nochmals 15–20 Minuten Ruhe.

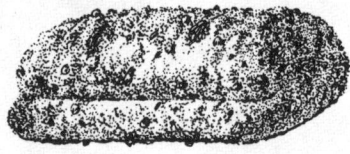

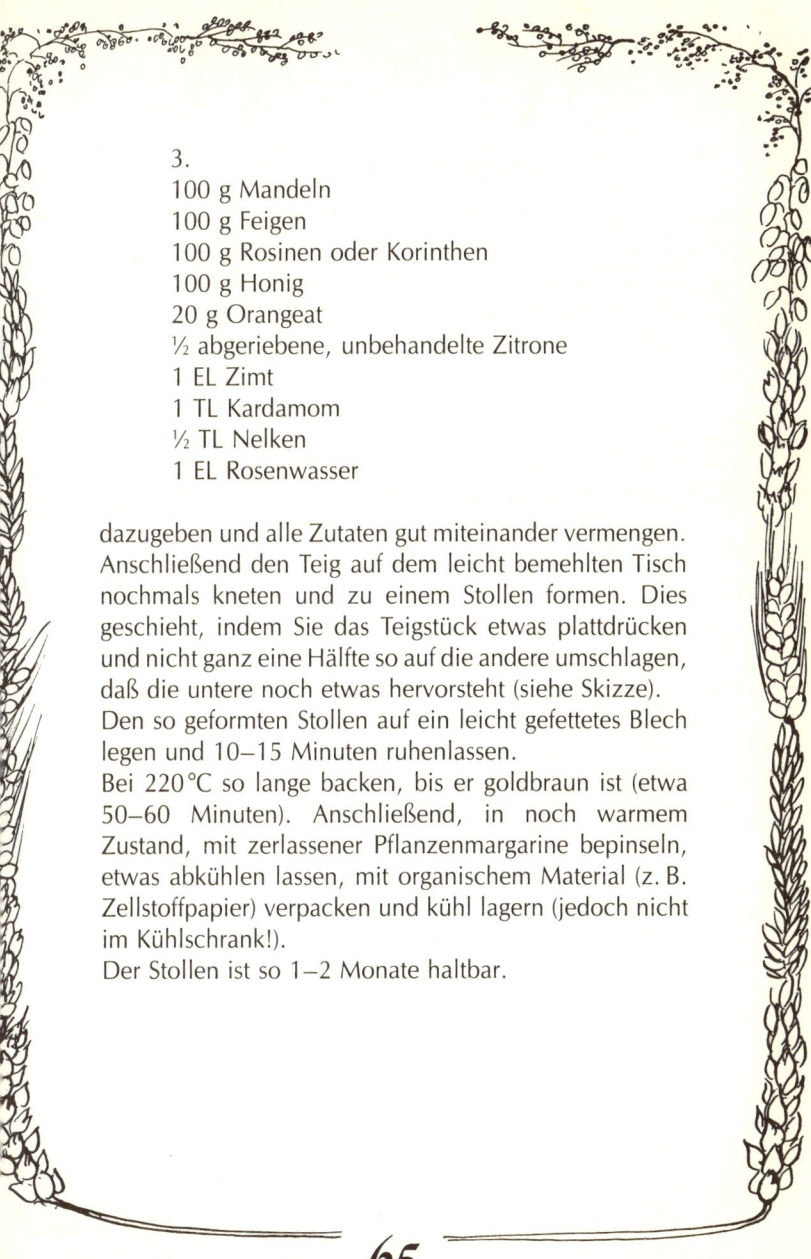

3.
100 g Mandeln
100 g Feigen
100 g Rosinen oder Korinthen
100 g Honig
20 g Orangeat
½ abgeriebene, unbehandelte Zitrone
1 EL Zimt
1 TL Kardamom
½ TL Nelken
1 EL Rosenwasser

dazugeben und alle Zutaten gut miteinander vermengen. Anschließend den Teig auf dem leicht bemehlten Tisch nochmals kneten und zu einem Stollen formen. Dies geschieht, indem Sie das Teigstück etwas plattdrücken und nicht ganz eine Hälfte so auf die andere umschlagen, daß die untere noch etwas hervorsteht (siehe Skizze).
Den so geformten Stollen auf ein leicht gefettetes Blech legen und 10–15 Minuten ruhenlassen.
Bei 220 °C so lange backen, bis er goldbraun ist (etwa 50–60 Minuten). Anschließend, in noch warmem Zustand, mit zerlassener Pflanzenmargarine bepinseln, etwas abkühlen lassen, mit organischem Material (z. B. Zellstoffpapier) verpacken und kühl lagern (jedoch nicht im Kühlschrank!).
Der Stollen ist so 1–2 Monate haltbar.

Persische Fladen

Ähnlich wie Chapatis, jedoch im Ofen gebacken.
In Persien und Afghanistan gibt es sie zweimal täglich
frisch. Man kann sie mit oder ohne Hefe backen.
Für 3–4 tellergroße Fladen brauchen Sie:

> 500 g Weizenvollkornmehl
> 1 Stück Hefe
> etwa 300 g kaltes Wasser

Die Zutaten zu einem mittelfesten Teig verarbeiten. Gut
kneten!
Teigruhe 10–15 Minuten.

Dann:

> 10 g Meersalz
> 50 g unraffiniertes Pflanzenöl
> 1 TL Koriander

untermischen. Den Teig in Stücke teilen, nochmals durch-
kneten und zu runden Fladen formen oder ausrollen.
Nach Belieben mit Sesam, Mohn, Kümmel oder anderen
Gewürzen bestreuen.
Bei 250°–300°C auf der oberen Schiene so lange bak-
ken, bis sie goldbraun sind (etwa 10 Minuten).
Warm servieren.

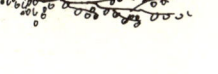

Apfel-Brot

ein leichtes Brot mit frischem Geschmack

Zutaten:
550 g Weizenvollkornmehl
1 Stück Hefe
etwa 340 g Wasser
1 EL Sirup

zu einem Hefeteig verarbeiten und 10–15 Minuten ruhenlassen.

Dann:

250 g kleingeschnittene Äpfel
50 g Rosinen
50 g unraffiniertes Pflanzenöl
3 EL Kokosraspeln
10 g Meersalz
1 TL Zimt

untermengen und so lange kneten, bis ein geschmeidiger Teig entsteht. Diesen auf dem Tisch zu einem Brotlaib formen.
15 Minuten Teigruhe!
Anschließend bei 220 °C etwa 45 Minuten backen.

Sauerteig-Brot

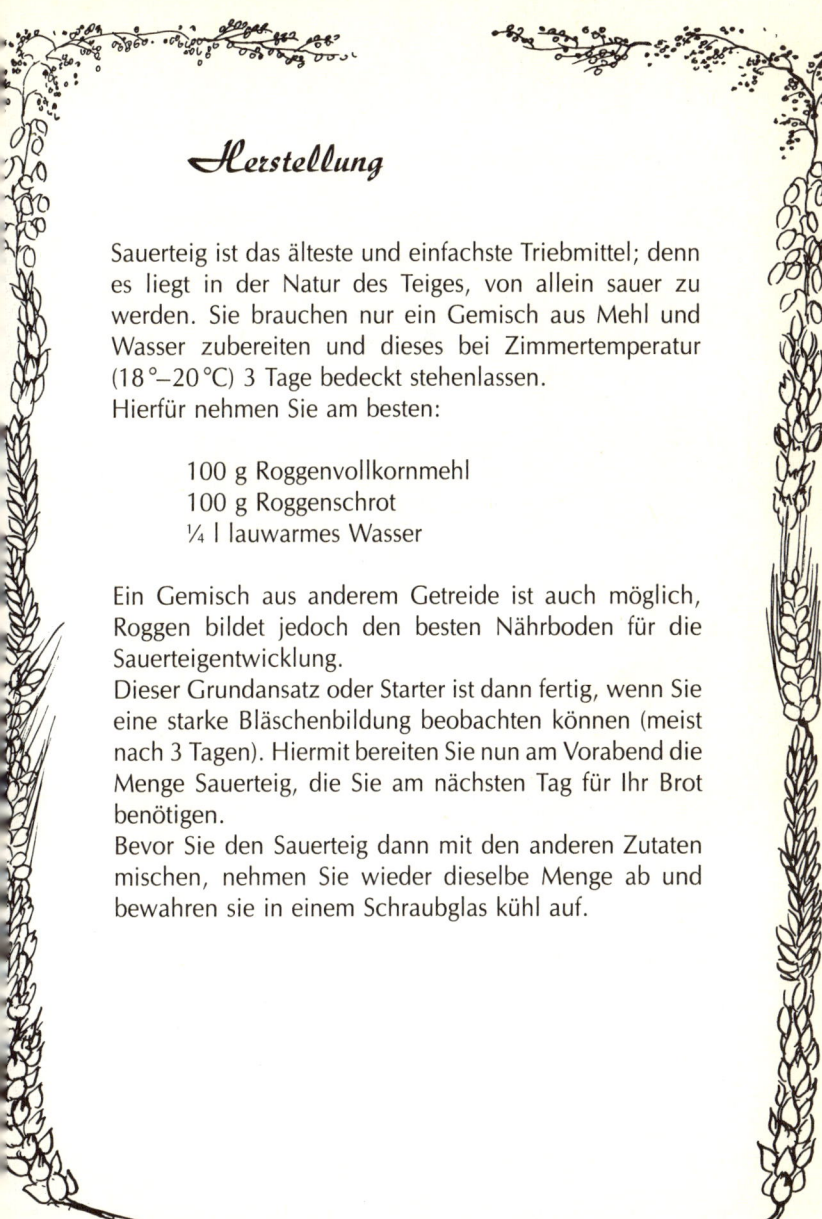

Herstellung

Sauerteig ist das älteste und einfachste Triebmittel; denn es liegt in der Natur des Teiges, von allein sauer zu werden. Sie brauchen nur ein Gemisch aus Mehl und Wasser zubereiten und dieses bei Zimmertemperatur (18°–20°C) 3 Tage bedeckt stehenlassen.
Hierfür nehmen Sie am besten:

> 100 g Roggenvollkornmehl
> 100 g Roggenschrot
> ¼ l lauwarmes Wasser

Ein Gemisch aus anderem Getreide ist auch möglich, Roggen bildet jedoch den besten Nährboden für die Sauerteigentwicklung.
Dieser Grundansatz oder Starter ist dann fertig, wenn Sie eine starke Bläschenbildung beobachten können (meist nach 3 Tagen). Hiermit bereiten Sie nun am Vorabend die Menge Sauerteig, die Sie am nächsten Tag für Ihr Brot benötigen.
Bevor Sie den Sauerteig dann mit den anderen Zutaten mischen, nehmen Sie wieder dieselbe Menge ab und bewahren sie in einem Schraubglas kühl auf.

Landbrot

ein reines Roggenmehlbrot

Am Vorabend einen Sauerteig ansetzen aus:

300 g Roggenvollkornmehl
300 g Wasser
2 EL Starter

Am nächsten Morgen

300 g Roggenvollkornmehl
15 g Meersalz

und so viel Wasser dazugeben (etwa ⅛ l), daß ein nichtklebender, geschmeidiger Teig entsteht; etwa 10 Minuten kneten.
20 Minuten Teigruhe.
Den Teig auf dem bemehlten Tisch noch einmal bearbeiten, zu einem runden Brotlaib formen und auf dem Blech weitere 10–15 Minuten ruhenlassen.
Bei 220 °C etwa 40–50 Minuten backen.

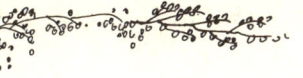

Reisbrot

Einen Sauerteig ansetzen aus:

200 g Roggenvollkornmehl
200 g Wasser
2 EL Starter

500 g Reismehl
⅛ l Wasser
½ TL Kardamom
1 TL Zimt
15 g Meersalz
1 TL Sirup

dazugeben. Vermischen Sie die Zutaten gut miteinander, und verarbeiten Sie sie zu einem mittelfesten Teig. Diesen etwa 1 Stunde bedeckt ruhenlassen.

Anschließend auf dem Tisch in etwas Mehl kneten und zu einem runden Brotlaib formen.

Mit dem Messer können Sie ein einfaches Muster in den Teig ritzen.

Nochmals 20–30 Minuten stehenlassen (bis die Risse auseinander zu klaffen beginnen).

Bei 220°C etwa 50–60 Minuten backen.

Roggenvollkornbrot

ein herzhaftes Quellbrot mit
ganzen Körnern

Abends bereiten Sie einen Sauerteig aus:

400 g Roggenvollkornmehl
400 g Wasser
2–3 EL Starter

und setzen in einem halben Liter heißem Wasser an:
150 g Roggen, ganz
250 g Roggenschrot

Morgens:
150 g Roggenschrot
250 g Weizenvollkornmehl
40 g Sirup
30 g Meersalz

dazugeben, gut vermengen und intensiv kneten. Der Teig
sollte eine zähflüssige Konsistenz bekommen.
Mindestens 20 Minuten Teigruhe!
Dann eine lange oder zwei kleine Kastenformen fetten,
den Teig nochmals kräftig durchkneten und in die gefettete Form geben, mit Roggenschrot bestreuen und weitere
10–15 Minuten aufgehen lassen.
Den Teig 40 Minuten bei 220 °C, etwa 2–3 Stunden bei
180 °C backen.

Sechs-Korn-Brot

aus Weizen, Roggen, Hafer, Gerste, Buchweizen und Hirse

Bei Sonnenuntergang einen Sauerteig ansetzen aus:

250 g Roggenvollkornmehl
250 g Sechs-Korn-Schrot
600 g warmem Wasser
3 EL Starter

500 g Sechs-Korn-Schrot
100 g Roggenvollkornmehl
20 g Meersalz
⅛ l Wasser

Sie können die Sechs-Korn-Mischung schon fertig kaufen oder die Zutaten selbst nach eigenem Belieben mischen. Alles gut miteinander vermengen und so lange intensiv kneten, bis der Teig eine zähflüssige Konsistenz bekommt.

1 Stunde Teigruhe!

Zeigt der Teig eine gute Lockerung, können Sie ihn weiter verarbeiten. In Mehl einen Brotlaib formen und diesen nochmals 20–30 Minuten bedeckt ruhenlassen.

Den Ofen auf 300 °C vorheizen, beim Einschieben auf 220 °C herunterschalten und konstant ausbacken, etwa 50–60 Minuten.

Hefe-Sauerteig-Brot

Einführung

Bei dieser Brotart wird dem Sauerteig eine geringe Menge Hefe zugesetzt, welche die Gärung beschleunigt und für ein lockeres Backergebnis sorgt.

Die Herstellung wird dadurch vereinfacht, daß der Teig einerseits nicht so empfindlich wie ein reiner Hefeteig, andererseits nicht so »träge« wie ein Sauerteig ist. Es entstehen hieraus wohlschmeckende Brote, welche die Vorzüge beider Triebmittel in sich vereinen.

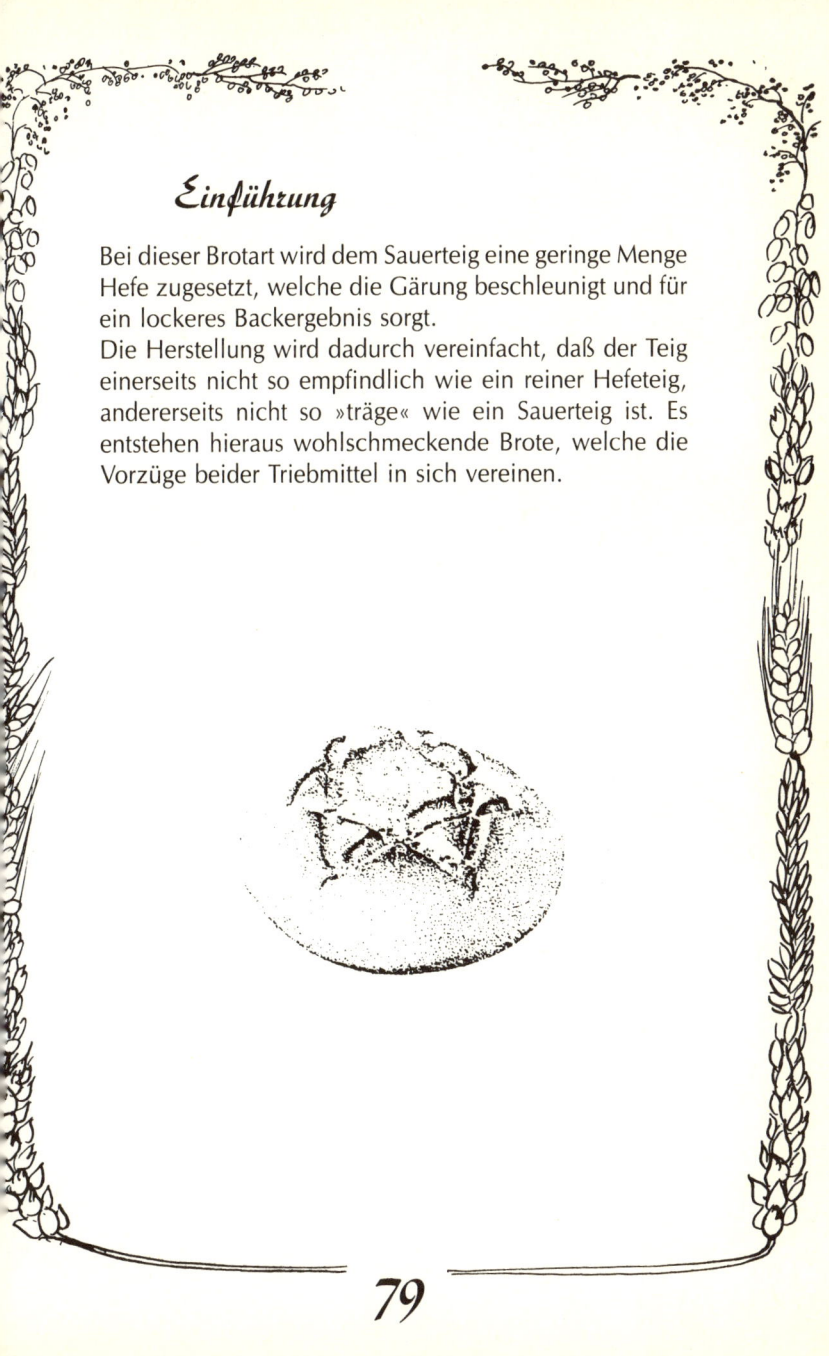

Bauernbrot

ein mildes Roggen-Weizen-Mischbrot

Einen Sauerteig bereiten aus:

400 g Roggenvollkornmehl
400 g lauwarmem Wasser
2 EL Starter

600 g Roggenvollkornmehl
400 g Weizenvollkornmehl
30 g Meersalz
1 Stück Hefe
etwa 500 g Wasser

Vermengen Sie alle Zutaten, und kneten Sie den Teig mindestens 10 Minuten gut durch.
15 Minuten Teigruhe!
Zeigt der Teig dann eine gute Lockerung, nehmen Sie ihn aus der Schüssel, teilen ihn in zwei gleich große Stücke, die Sie auf dem Tisch noch einmal bearbeiten. Formen Sie zwei schöne Brotlaibe, und legen Sie sie auf ein bemehltes Blech. In die Mitte der Brote können Sie einen Längsschnitt machen; so kann die Feuchtigkeit besser entweichen. Außerdem sieht es schön aus. Jetzt müssen sie nochmals 10–20 Minuten ruhen, bevor Sie sie in den Ofen schieben.
Der Ofen sollte auf 250°–300°C vorgeheizt sein. Beim

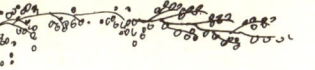

Einschieben schütten Sie etwas Wasser in den Ofen. Nach 3 Minuten die Klappe kurz öffnen, damit der Dampf abziehen kann.

Die Brote sollten bei fallender Hitze (220–250°C, je nach Ofen unterschiedlich) etwa 45–50 Minuten gebacken werden.

Roggen-Schrotling

ein feines, herzhaftes Mehlbrot

Einen Sauerteig vorbereiten aus:

200 g Roggenvollkornmehl
200 g Wasser
2 EL Starter

500 g Roggenvollkornmehl
15 g Meersalz
½ Stück Hefe
etwa ¼ l Wasser

Die gleiche Bearbeitung wie beim Bauernbrot.

Gerstenbrot

ein sehr mildes, leichtverdauliches Brot

Einen Sauerteig bereiten aus:

200 g Roggenvollkornmehl
200 g Wasser
2 EL Starter

400 g Gerstenfeinschrot
100 g Weizenvollkornmehl
½ Stück Hefe
etwa ¼ l Wasser

Gut vermischen und zu einem mittelfesten Teig kneten.
10 Minuten Teigruhe!

Dann:

15 g Meersalz
50 g unraffiniertes Pflanzenöl

hinzufügen, nochmals bearbeiten. Mit beiden Händen auf
dem Tisch in Gerstenschrot einen Brotlaib formen und auf
dem Blech nochmals 10–15 Minuten ruhenlassen.
Bei 250°C mit Dampf einschieben und 45–50 Minuten
backen.

Sesam-Brot

sehr fein und leicht

Einen Sauerteig ansetzen aus:

40 g Roggenvollkornmehl
40 g Wasser
1–2 EL Starter

250 g Weizenvollkornmehl
50 g Roggenschrot
25 g Hefe
150 g Wasser

Alle Zutaten gut miteinander vermengen und zu einem Teig verarbeiten.
10–15 Minuten Teigruhe!

Jetzt:

25 g Sesamöl
10 g Meersalz
50 g Sesam

untermischen und so lange kneten, bis ein geschmeidiger Teig entsteht, der sich leicht vom Schüsselrand löst und nicht an den Händen klebt. Anschließend auf dem Tisch

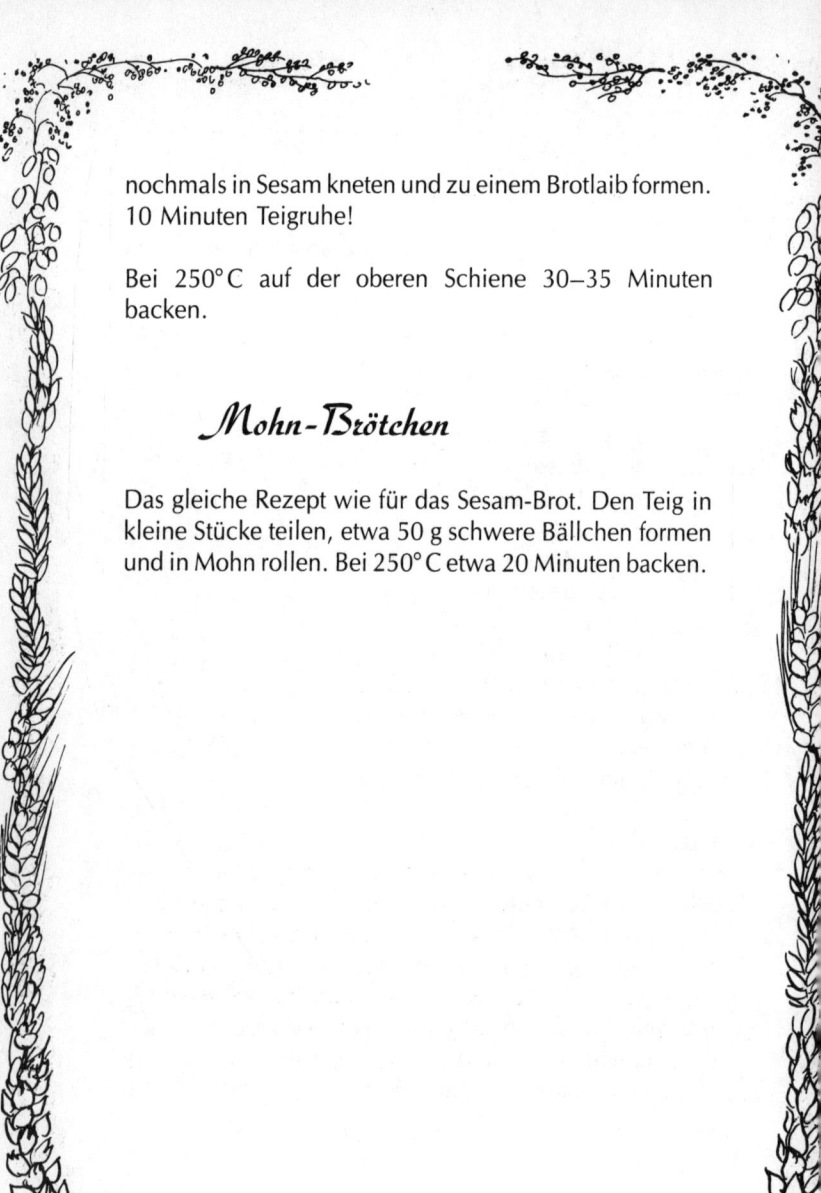

nochmals in Sesam kneten und zu einem Brotlaib formen.
10 Minuten Teigruhe!

Bei 250°C auf der oberen Schiene 30–35 Minuten
backen.

Mohn-Brötchen

Das gleiche Rezept wie für das Sesam-Brot. Den Teig in
kleine Stücke teilen, etwa 50 g schwere Bällchen formen
und in Mohn rollen. Bei 250° C etwa 20 Minuten backen.

Roggen-Brötchen

Einen Sauerteig ansetzen aus:

50 g Roggenvollkornmehl
50 g Wasser
1 EL Starter

120 g Roggenvollkornmehl
160 g Weizenvollkornmehl
60 g Roggenschrot
20 g Sirup
20 g Hefe
etwa 200 g Wasser

kneten und 10 Minuten ruhenlassen.

Jetzt:

30 g Pflanzenmargarine
15 g Meersalz

dazugeben und nochmals kneten. Trennen Sie kleine Stückchen vom Teig ab, und formen Sie mit beiden Händen runde Bällchen. Die Brötchen sollten weder in der Hand kleben noch Falten haben. Kurz in Roggenschrot wälzen, auf ein Blech legen und evtl. in der Mitte einritzen. Bei 250°–300°C 20 Minuten backen.

Soja-Brot

mit starkem Eigengeschmack

Einen Sauerteig bereiten aus:

200 g Weizenvollkornmehl
200 g Wasser
2 EL Starter

500 g Sojamehl
200 g Weizenvollkornmehl
100 g Roggenschrot
1½ Stück Hefe
40 g Meersalz
etwa 700 g Wasser

Zu einem geschmeidigen Teig kneten und 15 Minuten ruhenlassen.
Ist nun ein weicher, elastischer Teig entstanden, kneten Sie ihn auf dem bemehlten Tisch nochmals gut durch und formen mit beiden Händen einen Brotlaib.
10–15 Minuten Teigruhe!
Bei 220°C 40–50 Minuten backen.

Drei-Korn-Brot

aus Roggen, Weizen und Leinsamen

200 g Roggenschrot
100 g Leinsamen

in etwa 280 g heißem Wasser einweichen.

In einer zweiten Schüssel einen Sauerteig ansetzen aus:

250 g Roggenvollkornmehl
250 g Wasser
2 EL Starter

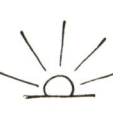
150 g Roggenvollkornmehl
260 g Weizenvollkornmehl
40 g Meersalz
1 Stück Hefe
etwa 200 g Wasser

hinzufügen, gut vermengen und zu einem zähflüssigen Teig verarbeiten.
15 Minuten Teigruhe!
Aus der Schale nehmen, halbieren, auf dem Tisch in Sesam noch einmal kneten und zu zwei schönen runden Brotlaiben formen.
10–15 Minuten Teigruhe!
Bei 220°C so lange backen, bis der Sesam goldbraun ist, etwa 45–50 Minuten.

Früchtebrot

Einen Sauerteig bereiten aus:

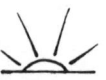

40 g Roggenvollkornmehl
40 g Wasser
1 EL Starter

250 g Weizenvollkornmehl
50 g Roggenschrot
30 g Hefe
30 g Sirup oder Honig
etwa 180 g Wasser

Die Zutaten gut miteinander vermengen, etwa 10 Minuten kneten und 15 Minuten ruhenlassen.

35 g unraffiniertes Pflanzenöl
10 g Meersalz
15 g Gewürze (Zimt, Ingwer, Anis, Muskat, Nelken, Koriander und ½ abgeriebene Zitronenschale)

und Meersalz unterkneten. Zum Schluß die Gewürze dazugeben und gut vermischen.
10 Minuten Teigruhe!

Danach:

     75 g Rosinen
     25 g Nüsse, klein gehackt
     25 g Mandeln, klein gehackt
     30 g Feigen
     50 g Datteln
     25 g Kokosraspeln
     25 g getrocknete Aprikosen

dazugeben. Alle Zutaten gut miteinander vermischen und kräftig durchkneten. Den Teig aus der Schüssel nehmen und auf dem Tisch nochmals bearbeiten. Formen Sie einen Brotlaib, und lassen Sie ihn auf dem bemehlten Blech 10–15 Minuten ruhen. Sie können das Brot auch in eine Kastenform geben. Bei 220°C 40–50 Minuten backen.

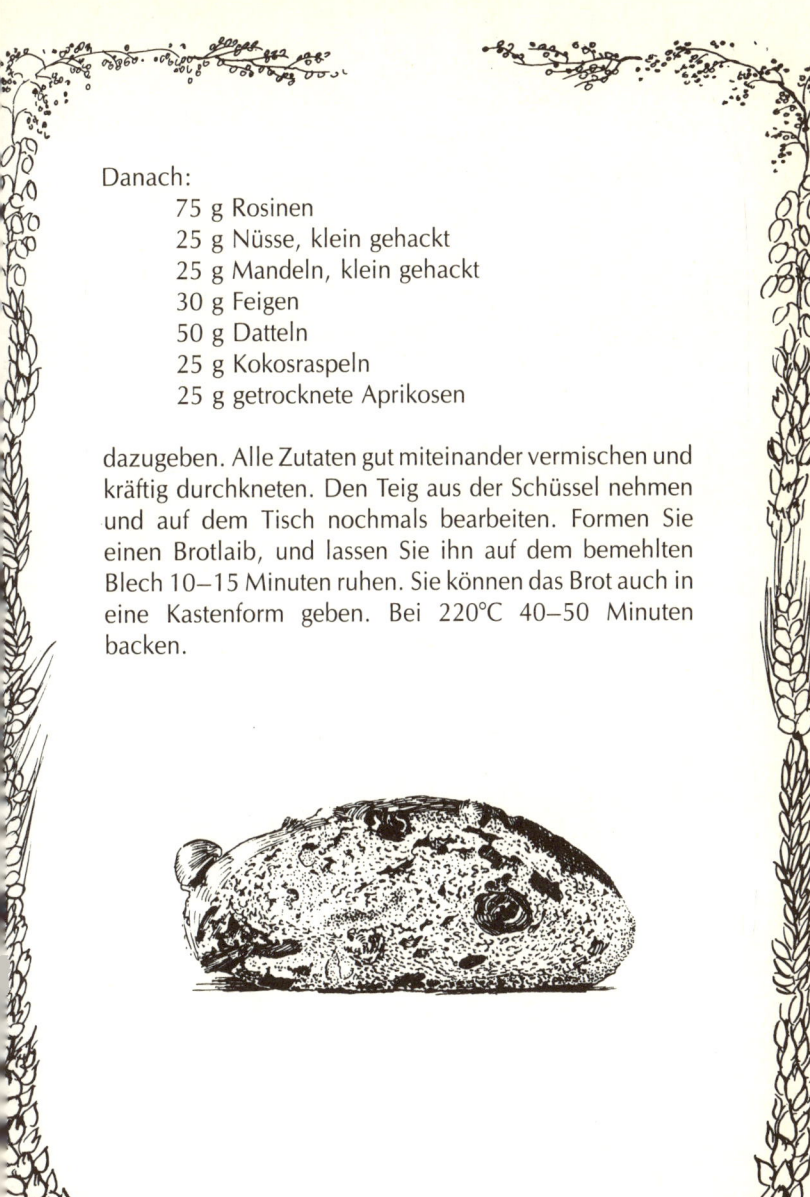

Backferment-Brot

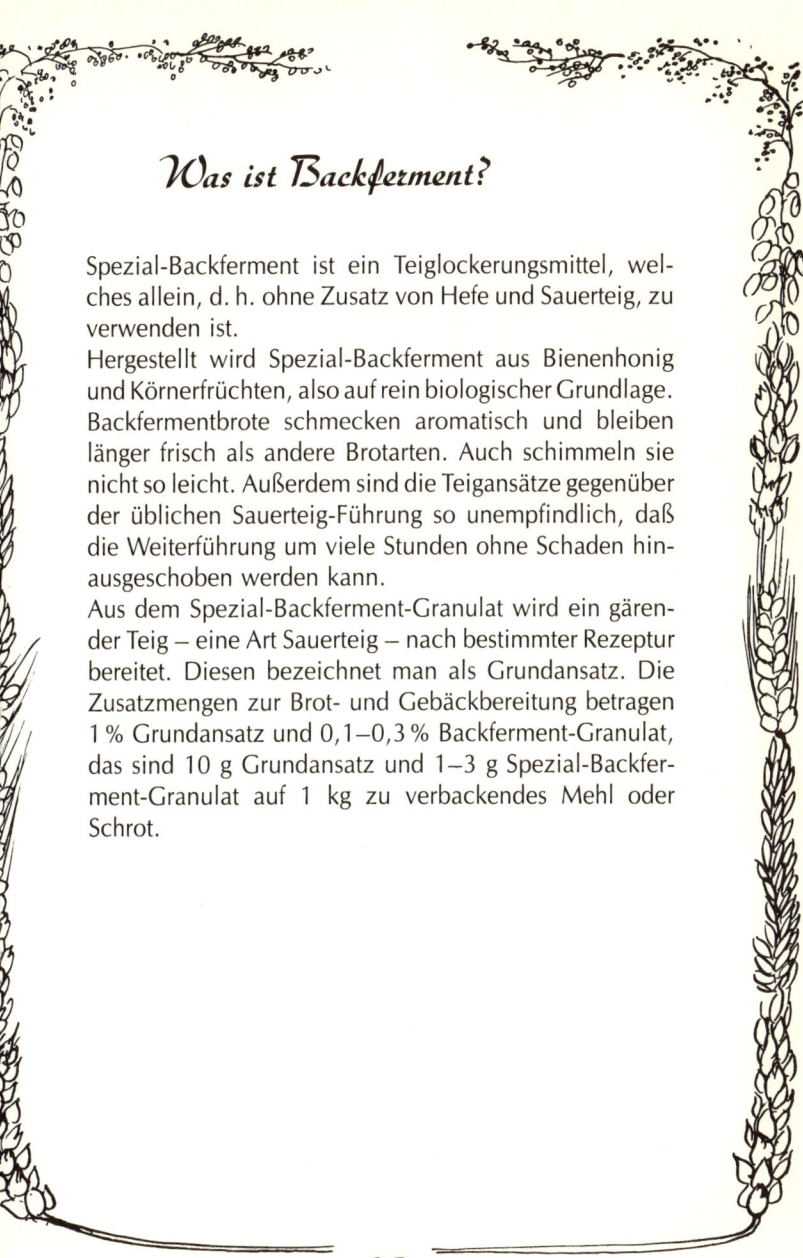

Was ist Backferment?

Spezial-Backferment ist ein Teiglockerungsmittel, welches allein, d. h. ohne Zusatz von Hefe und Sauerteig, zu verwenden ist.

Hergestellt wird Spezial-Backferment aus Bienenhonig und Körnerfrüchten, also auf rein biologischer Grundlage. Backfermentbrote schmecken aromatisch und bleiben länger frisch als andere Brotarten. Auch schimmeln sie nicht so leicht. Außerdem sind die Teigansätze gegenüber der üblichen Sauerteig-Führung so unempfindlich, daß die Weiterführung um viele Stunden ohne Schaden hinausgeschoben werden kann.

Aus dem Spezial-Backferment-Granulat wird ein gärender Teig – eine Art Sauerteig – nach bestimmter Rezeptur bereitet. Diesen bezeichnet man als Grundansatz. Die Zusatzmengen zur Brot- und Gebäckbereitung betragen 1 % Grundansatz und 0,1–0,3 % Backferment-Granulat, das sind 10 g Grundansatz und 1–3 g Spezial-Backferment-Granulat auf 1 kg zu verbackendes Mehl oder Schrot.

Grundansatz-Bereitung

Wenn Sie Backferment-Brot backen möchten, müssen Sie sich (ähnlich wie bei Sauerteig-Broten) den Grundansatz erst herstellen. Das hierfür benötigte Spezial-Backferment (das ist das trockene Granulat) bekommen Sie in fast allen Makroläden.

Sie können sich den Grundansatz auch von der

Backtechnik GmbH
6364 Florstadt
Postfach 80

schicken lassen.

Zur Herstellung des Grundansatzes sollte ein schmales, hohes Gefäß (z. B. ein 2–3-l-Einmachglas) verwendet werden, welches mit Deckel, Teller oder Folie abzudekken ist, damit der Teig an der Oberfläche nicht abtrocknet. Ein Tuch allein genügt nicht!

Einen milden, für alle Arten von Gebäck geeigneten Grundansatz erhalten Sie nach folgendem Rezept:

1. Stufe:
20 g SEKOWA-Spezial-Backferment in
etwa 220 g Wasser, das ist eine Kaffeetasse randvoll, klümpchenfrei auflösen. Wassertemperatur etwa 40°C.

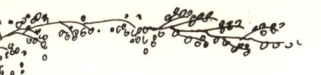

Dazu ein Gemisch aus:

100 g Weizenschrot, mittelgrob
100 g Weizenvollkornmehl

Alles gut vermengen! Der Teig soll ziemlich weich sein, es soll sich aber kein Wasser absetzen. Dieser Teig bleibt 15–24 Stunden bedeckt stehen. Die günstigste Temperatur liegt bei 30°C. Bei dieser Temperatur ist der Teig dieser Stufe bereits nach 15 Stunden reif, was sich durch Bläschenbildung zeigt. Die Mindest-Temperatur beträgt 20°C. Bei dieser Temperatur muß der Teig 24 Stunden stehenbleiben. Um für die Grundansatz-Bereitung die erwünschte Temperatur von ungefähr 30°C zu erzielen, gibt es verschiedene Möglichkeiten: z. B. das Gefäß mit dem Teig in die Nähe der Heizung stellen oder an die Hinterwand des Kühlschrankes, und zwar dorthin, wo warme Luft entströmt. Auch eine Kochkiste, durch Wärmflasche oder Heizkissen erwärmt, eignet sich.
Für die 1. Stufe kann auch ein angewärmter Thermotopf verwendet werden.
Nach der entsprechenden Stehzeit muß sich eine Bläschenbildung zeigen!

2. Stufe:
Sodann werden zu diesem Teig gegeben:
70–100 g Wasser, das ist etwa ½ Kaffeetasse, knapp oder gut bemessen, je nachdem, wie fest der Grundansatz gewünscht wird. Wassertemperatur 40°C. Das Wasser unter den Teig mengen.

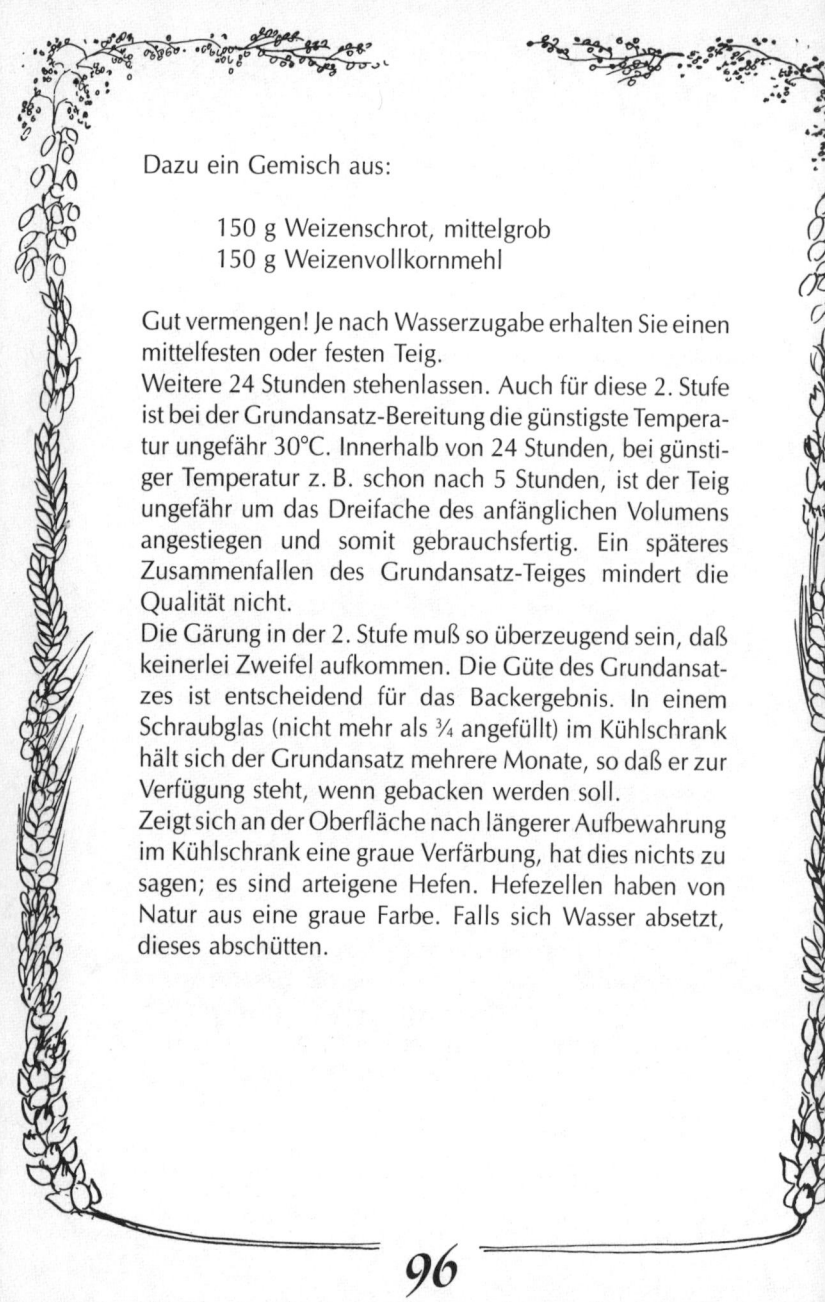

Dazu ein Gemisch aus:

150 g Weizenschrot, mittelgrob
150 g Weizenvollkornmehl

Gut vermengen! Je nach Wasserzugabe erhalten Sie einen mittelfesten oder festen Teig.

Weitere 24 Stunden stehenlassen. Auch für diese 2. Stufe ist bei der Grundansatz-Bereitung die günstigste Temperatur ungefähr 30°C. Innerhalb von 24 Stunden, bei günstiger Temperatur z. B. schon nach 5 Stunden, ist der Teig ungefähr um das Dreifache des anfänglichen Volumens angestiegen und somit gebrauchsfertig. Ein späteres Zusammenfallen des Grundansatz-Teiges mindert die Qualität nicht.

Die Gärung in der 2. Stufe muß so überzeugend sein, daß keinerlei Zweifel aufkommen. Die Güte des Grundansatzes ist entscheidend für das Backergebnis. In einem Schraubglas (nicht mehr als ¾ angefüllt) im Kühlschrank hält sich der Grundansatz mehrere Monate, so daß er zur Verfügung steht, wenn gebacken werden soll.

Zeigt sich an der Oberfläche nach längerer Aufbewahrung im Kühlschrank eine graue Verfärbung, hat dies nichts zu sagen; es sind arteigene Hefen. Hefezellen haben von Natur aus eine graue Farbe. Falls sich Wasser absetzt, dieses abschütten.

Standard-Teigführung

für alle Backferment-Brote

Um nicht bei jedem folgenden Rezept die einzelnen
Stufen der Teigführung erläutern zu müssen, wird hier der
Standard-Teigansatz gezeigt, nach dem alle Backferment-
Brote gebacken werden können.

Der Teigansatz ist ein Vorteig, der möglichst nachmittags
oder abends bereitet werden soll und welcher mindestens
12 Stunden stehenbleibt.

Man nimmt hierfür:

> 10 g Grundansatz, das ist ein gutgehäufter Teelöf-
> fel. Weniger soll nicht genommen werden. Größe-
> re Mengen schaden nicht, sie beschleunigen nur
> die Gärung.
>
> 3 g SEKOWA-Spezial-Backferment (Granulat), d. i.
> ein leichtgehäufter Teelöffel.
>
> 300–400 g Schrot oder Mehl oder Gemisch der
> beiden.
>
> 300–400 g lauwarmes Wasser (ungefähr 30°C).

Der Grundansatz und das SEKOWA-Spezial-Backferment
werden in einem kleinen Teil des abgemessenen Wassers
klümpchenfrei aufgelöst. Dann fügen Sie Mehl oder
Schrot oder das Gemisch der beiden und das restliche
Wasser hinzu und vermengen die Masse gründlich. Verwenden Sie für den Teigansatz 300 g Schrot (oder Mehl

oder Gemisch), wird das Brot besonders mild. Den Teigansatz lassen Sie am besten über Nacht in einer ausreichend großen Schüssel gut bedeckt bei Raumtemperatur von 20°C stehen. Der Teig muß so bedeckt sein, daß er nicht abtrocknet. Ein Tuch alleine genügt nicht!

Der Teig muß mindestens 12 Stunden stehenbleiben. Es schadet nichts, wenn der Teigansatz 20 Stunden und mehr stehenbleibt. In diesem Fall müssen Sie mit einer stärkeren Säuerung rechnen. Nach dieser Zeit, also nach mindestens 12 Stunden, muß der Teig lebhaft gären, er muß ausgereift sein. Dieses »Ausgereift-Sein« des Teiges zeigt sich darin, daß der Teig nicht mehr hochsteigt, sondern bereits etwas zurückfällt. Reißt man die obere Schicht des Teiges auf, so zeigen sich viele Gärbläschen. Von dem ausgereiften Teigansatz können Sie für das nächste Bakken Teig abnehmen und diesen anstatt des Grundansatzes verwenden. (Diesen abgenommenen Teig in einem Schraubglas kühl aufbewahren.)

Hauptteig-Bereitung: Zu dem über Nacht gestandenen Teigansatz werden hinzugefügt:

> 700 oder 600 g Schrot oder Mehl oder Gemisch (so daß die Gesamtmenge 1 kg beträgt).
>
> 10–18 g Salz. Dieses wird in etwas Wasser gelöst und das dann über den Schrot geschüttet, und zwar so viel sehr warmes Wasser (ungefähr 55°C, d. h., man kann kaum längere Zeit die Hand darinnen halten), daß ein geschmeidiger Teig entsteht.

Die Wassermenge richtet sich nach der Schrot- oder Mehlart. Die gesamte Wassermenge bei der Verarbeitung von 1 kg Schrot oder Mehl oder Gemisch liegt bei 650–850 g Wasser.

Nachdem Sie den Teig durchgeknetet haben, wird er gut bedeckt an einen warmen Ort gestellt. Wenn kein genügend warmer Ort zur Verfügung steht, können Sie sich mit einem Wasserbad oder einer leicht angeheizten Backröhre behelfen. Auch dieser Teig darf nicht abtrocknen. Nach 30–50 Minuten muß sich eine gute Lockerung des Teiges zeigen. Nun wird dieser aufgegangene Teig in Stücke geteilt, leicht bearbeitet und geformt und in gefettete Backformen (auch Römertopf) gelegt. Die Füllung der Backformen richtet sich danach, ob es sich um schwere Teige (aus Schrot) oder leichte Teige (aus Mehl) handelt. Beim Bearbeiten und Formen der Teige stets Streumehl (oder Feinschrot) verwenden! Wiederum muß der Teig in Formen 30–50 Minuten am warmen Ort bedeckt stehen. Die Oberfläche des Teiges darf nicht abtrocknen!

Die Gärzeit der Teigstücke ist beendet, wenn der Teig nicht mehr rund, sondern etwas abgeflacht ist. An der Oberfläche zeigen sich bei Schrotteigen kleine Risse, die durch geplatzte Gärbläschen entstehen. Erst durch die Erfahrung lernt man beurteilen, wann der richtige Zeitpunkt der Gare erreicht ist.

Die Brote mit zu knapper Gare reißen auf. Die Brote mit richtiger Gare sind leicht gewölbt. Die Brote mit Übergare fallen an der Oberfläche ein.

Backen: Das Backen erfolgt bei einer Temperatur von ungefähr 220°C und dauert je nach Größe der Gebäcke 1–2 Stunden. Bei 1-kg-Broten ist die Backzeit 1 Stunde.

Die richtige Einstellung des Ofens muß erprobt werden, da jeder Ofen anders backt. Die Oberhitze muß mäßig sein. Vor dem Einschieben ein Schälchen mit kochendem Wasser in die Backröhre stellen. Man kann auch eine Alu-Folie über die Backformen stülpen, welche nach halber Backzeit entfernt werden muß, damit das Brot auch an der Oberfläche bräunt.

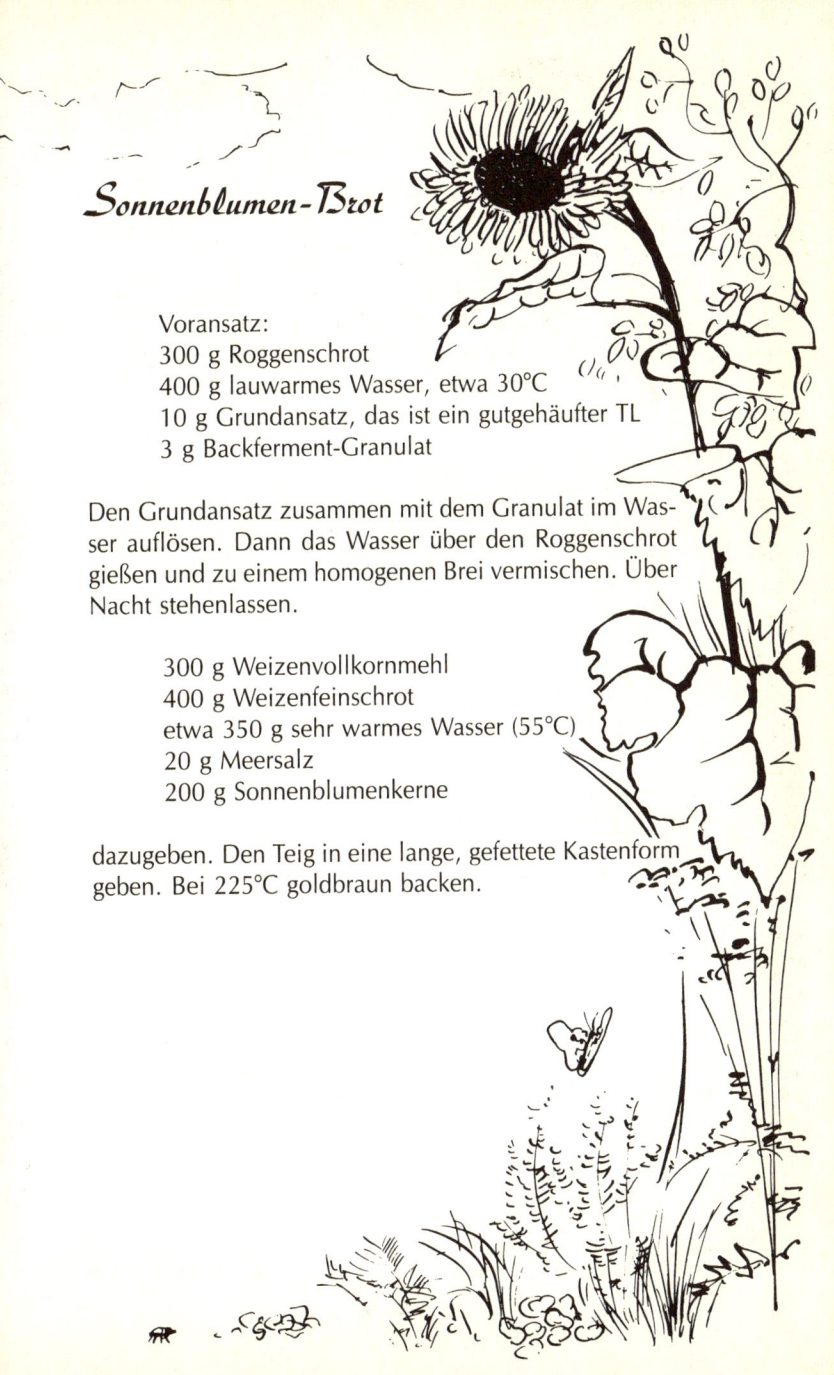

Sonnenblumen-Brot

Voransatz:
300 g Roggenschrot
400 g lauwarmes Wasser, etwa 30°C
10 g Grundansatz, das ist ein gutgehäufter TL
3 g Backferment-Granulat

Den Grundansatz zusammen mit dem Granulat im Wasser auflösen. Dann das Wasser über den Roggenschrot gießen und zu einem homogenen Brei vermischen. Über Nacht stehenlassen.

300 g Weizenvollkornmehl
400 g Weizenfeinschrot
etwa 350 g sehr warmes Wasser (55°C)
20 g Meersalz
200 g Sonnenblumenkerne

dazugeben. Den Teig in eine lange, gefettete Kastenform geben. Bei 225°C goldbraun backen.

Leinsamen-Brot

ein sehr aromatisches Brot,
fördert die Verdauung

Voransatz:
300 g Weizenschrot
200 g Leinsamen
10 g Grundansatz
3 g Backferment-Granulat
½ l warmes Wasser (30°C)

700 g Weizenschrot
20 g Meersalz
450 sehr warmes Wasser (55°C)
je ½ TL Koriander, Kümmel, Anis und Fenchel

Das Brot wird besonders gut, wenn Sie die Kräuter vorher mit dem Mörser (Kaffeemühle geht auch) zerstoßen und einen Tee davon kochen, den Sie dann über den Teig gießen. Das Wasser für den Tee von den angegebenen 450 g Wasser abziehen.

Mais-Brot

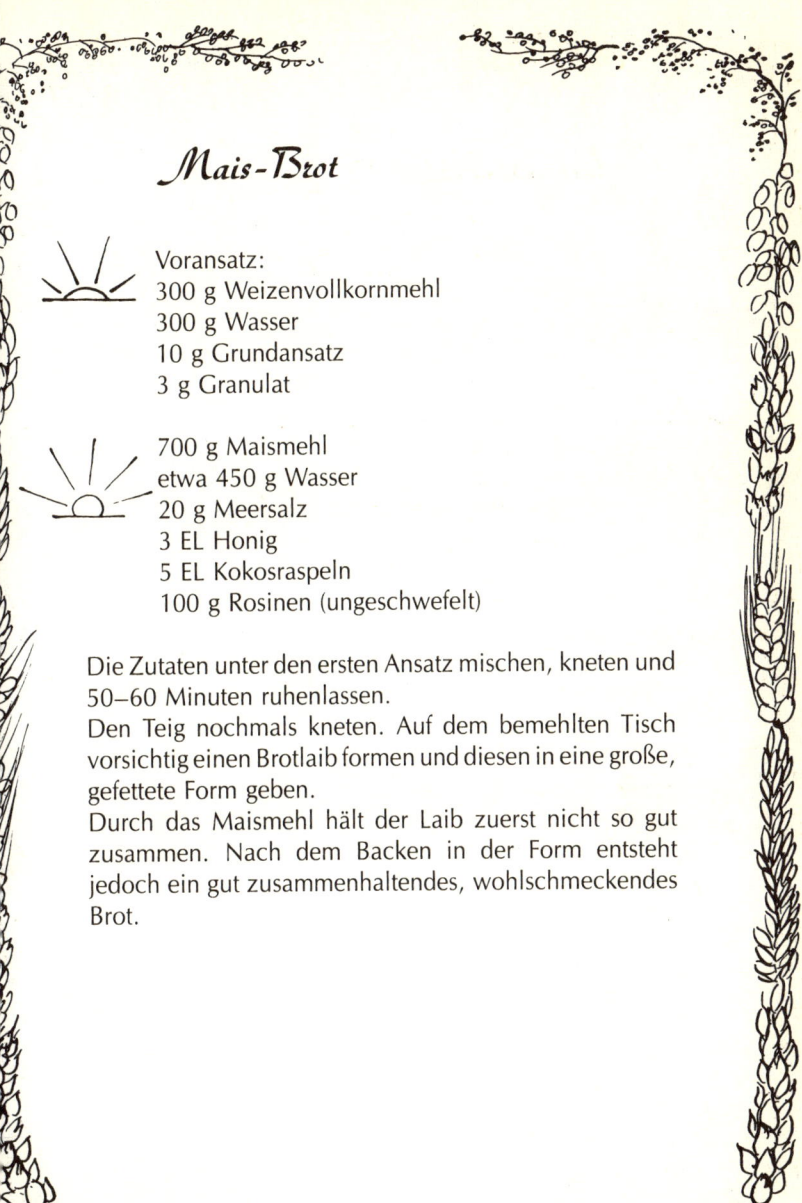

Voransatz:
300 g Weizenvollkornmehl
300 g Wasser
10 g Grundansatz
3 g Granulat

700 g Maismehl
etwa 450 g Wasser
20 g Meersalz
3 EL Honig
5 EL Kokosraspeln
100 g Rosinen (ungeschwefelt)

Die Zutaten unter den ersten Ansatz mischen, kneten und 50–60 Minuten ruhenlassen.

Den Teig nochmals kneten. Auf dem bemehlten Tisch vorsichtig einen Brotlaib formen und diesen in eine große, gefettete Form geben.

Durch das Maismehl hält der Laib zuerst nicht so gut zusammen. Nach dem Backen in der Form entsteht jedoch ein gut zusammenhaltendes, wohlschmeckendes Brot.

Gerstenbrot

Voransatz:
200 g Weizenvollkornmehl
100 g Roggenschrot
300 g Wasser
10 g Grundansatz
3 g Granulat

700 g Gerstenmehl (oder -feinschrot)
Wasser
20 g Meersalz

Die Zutaten zu einem mittelfesten Teig verarbeiten.
Nehmen Sie Gerstenschrot, wird er nicht so gut zusammenhalten, und es empfiehlt sich dann, das Brot in einer Form zu backen.
50–60 Minuten Teigruhe!
Auf dem bemehlten Tisch einen runden Brotlaib formen und diesen auf dem Blech nochmals 50–60 Minuten ruhenlassen.
Bei 220°C 50–60 Minuten backen.

Vier-Korn-Brot

ein sehr ausgewogenes Brot

Vorteig für zwei Laibe:

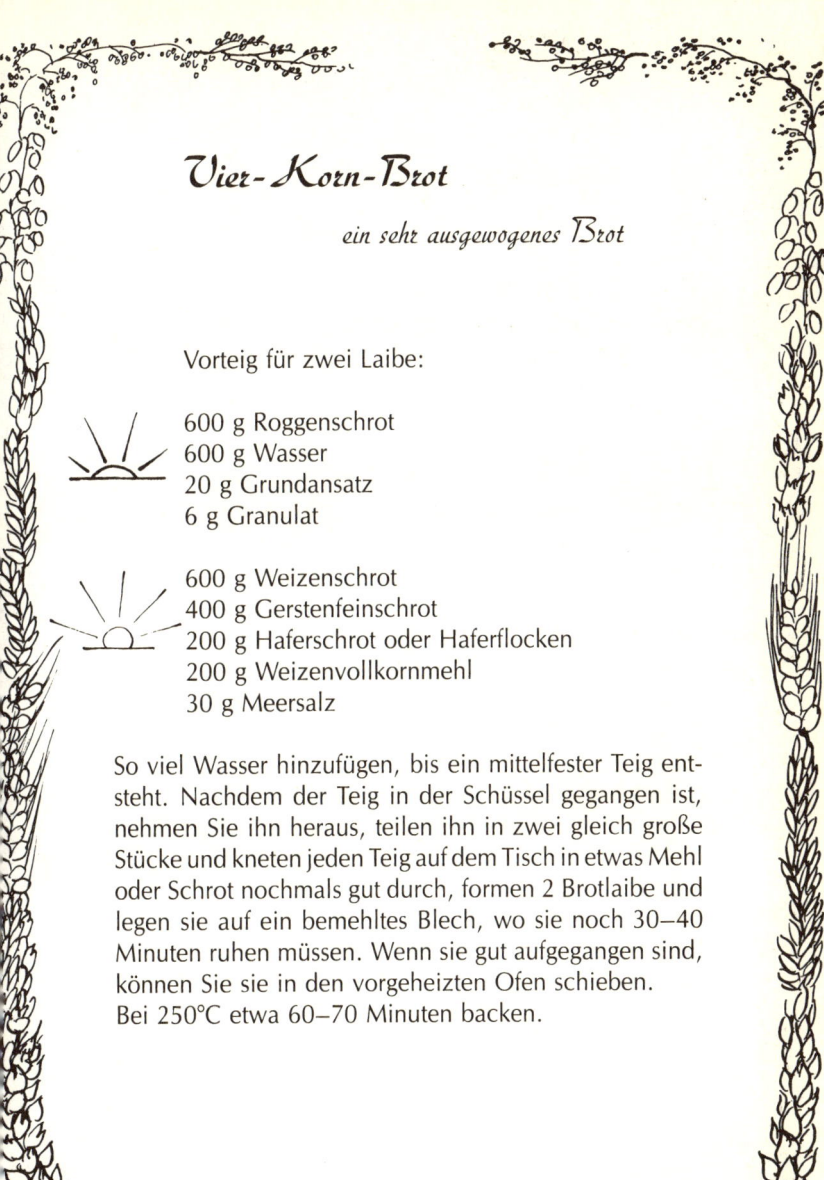

600 g Roggenschrot
600 g Wasser
20 g Grundansatz
6 g Granulat

600 g Weizenschrot
400 g Gerstenfeinschrot
200 g Haferschrot oder Haferflocken
200 g Weizenvollkornmehl
30 g Meersalz

So viel Wasser hinzufügen, bis ein mittelfester Teig entsteht. Nachdem der Teig in der Schüssel gegangen ist, nehmen Sie ihn heraus, teilen ihn in zwei gleich große Stücke und kneten jeden Teig auf dem Tisch in etwas Mehl oder Schrot nochmals gut durch, formen 2 Brotlaibe und legen sie auf ein bemehltes Blech, wo sie noch 30–40 Minuten ruhen müssen. Wenn sie gut aufgegangen sind, können Sie sie in den vorgeheizten Ofen schieben.
Bei 250°C etwa 60–70 Minuten backen.

Hafer-Brot

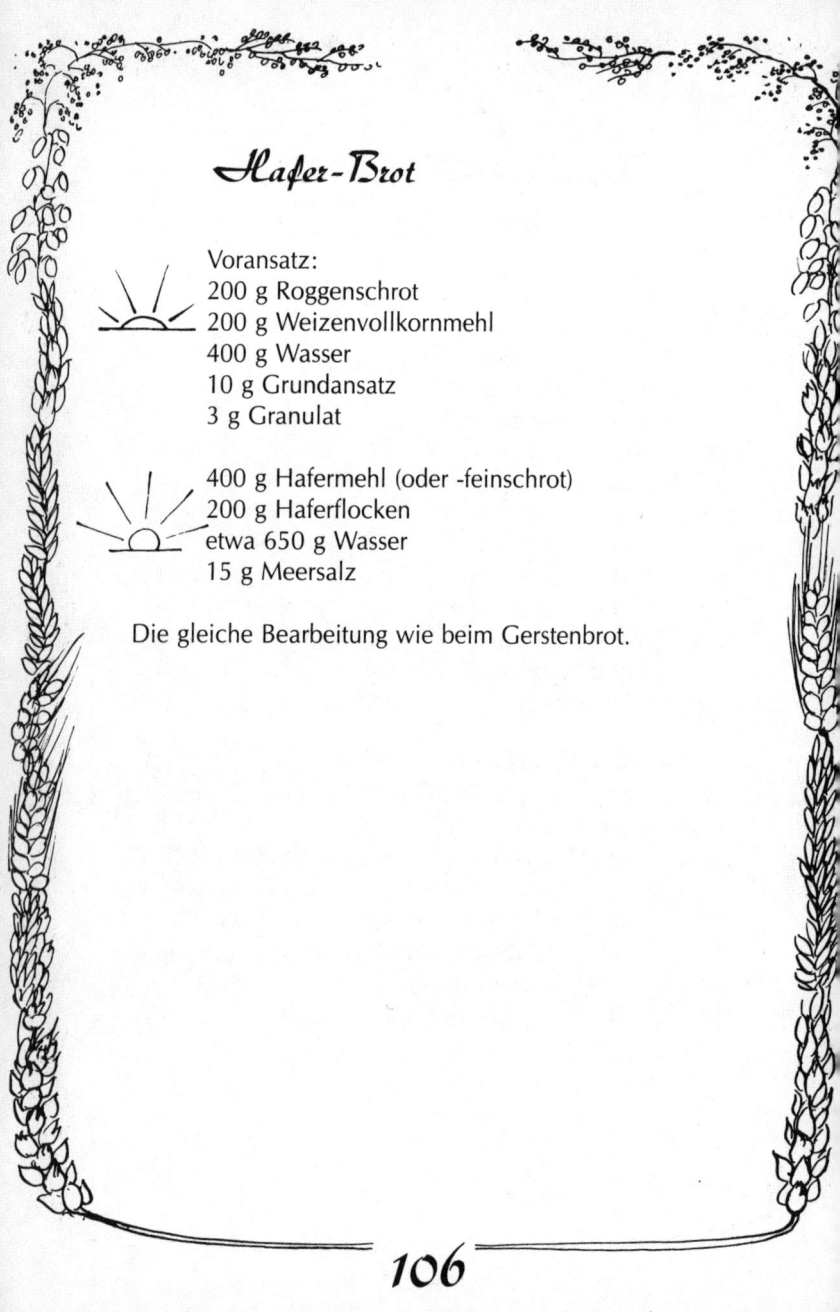

Voransatz:
200 g Roggenschrot
200 g Weizenvollkornmehl
400 g Wasser
10 g Grundansatz
3 g Granulat

400 g Hafermehl (oder -feinschrot)
200 g Haferflocken
etwa 650 g Wasser
15 g Meersalz

Die gleiche Bearbeitung wie beim Gerstenbrot.

Roggen-Weizen-Mischbrot

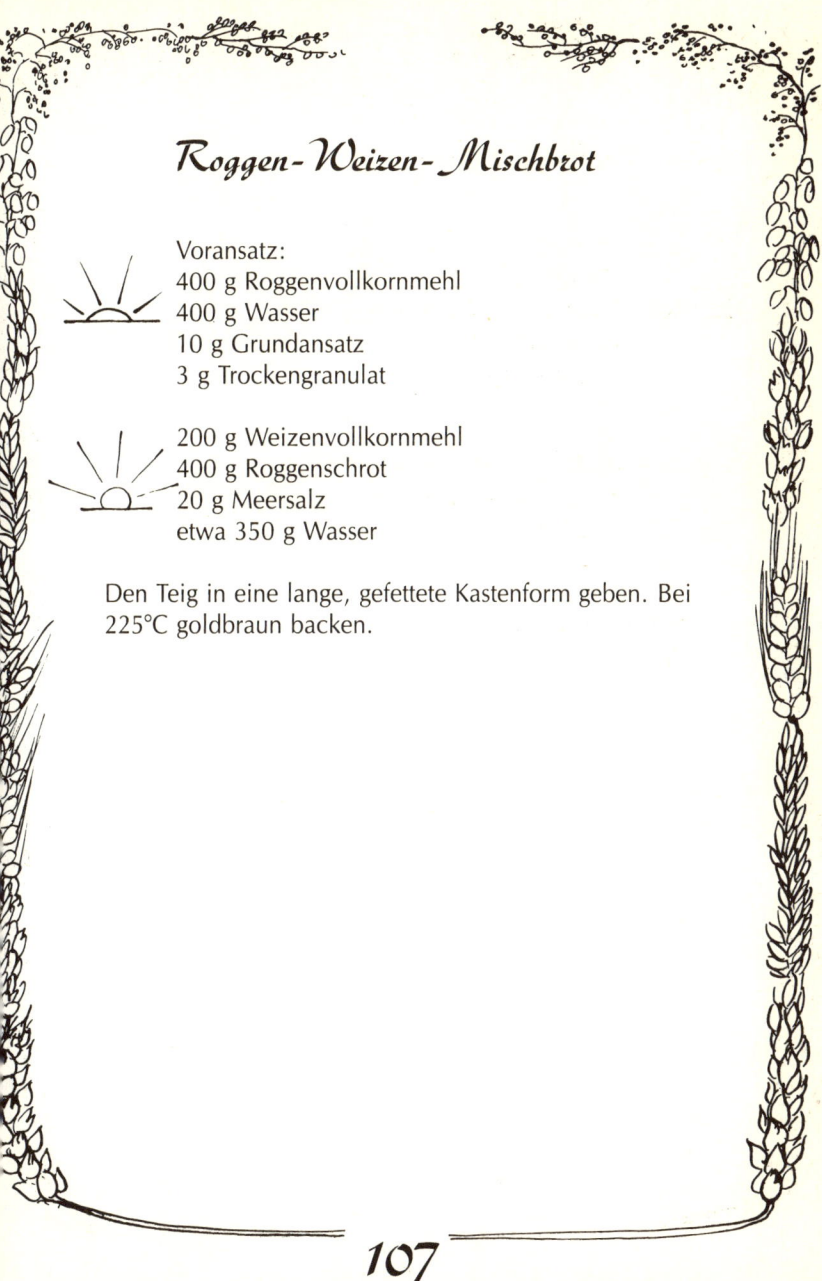

Voransatz:
400 g Roggenvollkornmehl
400 g Wasser
10 g Grundansatz
3 g Trockengranulat

200 g Weizenvollkornmehl
400 g Roggenschrot
20 g Meersalz
etwa 350 g Wasser

Den Teig in eine lange, gefettete Kastenform geben. Bei
225°C goldbraun backen.

Früchtebrot

Zutaten:
500 g Feigen (in große Stücke schneiden)
250 g Korinthen
200 g Datteln, entkernt und in Streifen geschnitten
200 g Haselnüsse, grob gehackt
100 g Honig
10 g Meersalz
3 g gemahlenen Zimt
2 g gemahlene Nelken

Die Art und Menge der Trockenfrüchte und der Gewürze kann nach Belieben variiert werden. Es ist wichtig, die Zutaten anzuwärmen, damit der Teig nicht abkühlt. Die Mehlmischung kann ebenfalls nach Belieben gewählt werden. In diesem Rezept werden zwei Mischungen empfohlen. Gesamtschrot bzw. Schrot-/Mehlmenge = 1 kg.

Teigansatz:
10 g Grundansatz (das ist 1 gehäufter TL)
3 g Spezial-Backferment (d. i. 1 leicht gehäufter TL)
300 g Weizenfeinschrot oder 150 g Weizenfein-schrot und 150 g Weizenvollkornmehl
300 g lauwarmes Wasser

Zunächst den Grundansatz und das Backferment in einem kleinen Teil des abgemessenen Wassers auflösen. Sodann mit dem restlichen Wasser und dem Weizenschrot, oder

dem Gemisch aus Weizenschrot und Weizenvollkornmehl, gut vermengen. Über Nacht bei Zimmertemperatur
stehenlassen (mindestens 12 Stunden) und gut bedecken.
Der Teig darf nicht abtrocknen!

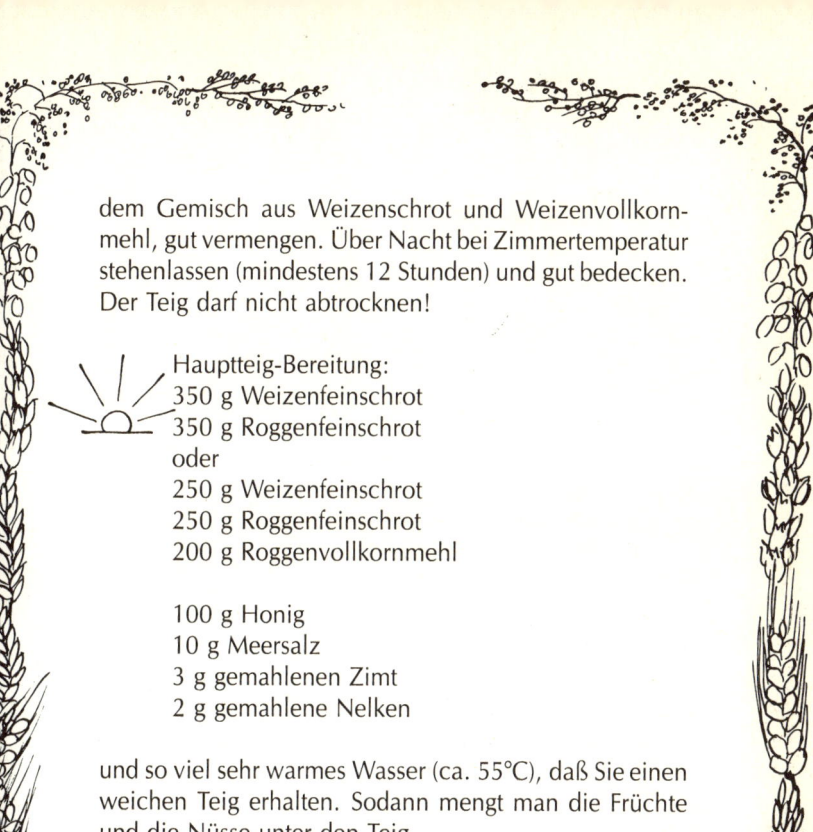

Hauptteig-Bereitung:
350 g Weizenfeinschrot
350 g Roggenfeinschrot
oder
250 g Weizenfeinschrot
250 g Roggenfeinschrot
200 g Roggenvollkornmehl

100 g Honig
10 g Meersalz
3 g gemahlenen Zimt
2 g gemahlene Nelken

und so viel sehr warmes Wasser (ca. 55°C), daß Sie einen
weichen Teig erhalten. Sodann mengt man die Früchte
und die Nüsse unter den Teig.
Der Teig wird sofort aufgeteilt und in gefettete Formen
gelegt. Es ist wichtig, die Formen vorher gut anzuwärmen.
Am warmen Ort 1–2 Stunden gut bedeckt stehenlassen,
bis der Teig sich etwas gehoben hat.
Die Formen mit Alu-Folie bedecken und bei 200°C 1½
Stunden backen. Die Folie nach der halben Backzeit
entfernen, damit das Früchtebrot auch von oben bräunt.
Nach dem Erkalten kann das Früchtebrot sofort ange-
schnitten werden. In doppeltem Cellophan-Papier hält es
sehr lange.

Festtagsstollen

hergestellt mit dem Spezial-Backferment

Der Festtagsstollen kann aus Weizenfeinschrot alleine bereitet werden oder aus jeder beliebigen Mischung von Weizenfeinschrot und Weizenvollkornmehl.
In diesem Rezept werden zwei Mischungen aufgezeigt. Gesamtschrot bzw. Schrot-/Mehlmenge = 1 kg.

Zutaten:
250 g geschmeidige Pflanzenmargarine
150 g fester Magerquark
50 g Honig
10 g Meersalz
je 2 MS Kardamom und Muskatblüte, gemahlen
250 g Korinthen
200 g enthülste, grobgehackte Mandeln oder Nüsse
100 g feingehacktes Orangeat
100 g feingehacktes Zitronat
etwas geriebene Zitronenschale

Es ist wichtig, die Zutaten anzuwärmen, damit der Teig nicht abkühlt.

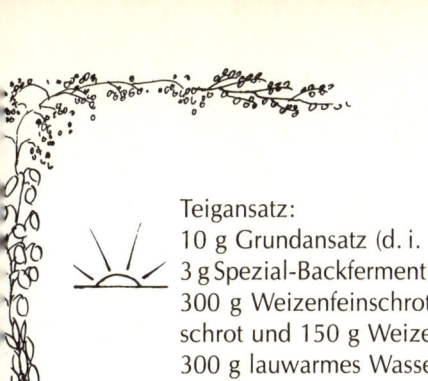

Teigansatz:
10 g Grundansatz (d. i. 1 gehäufter TL)
3 g Spezial-Backferment (d. i. 1 leicht gehäufter TL)
300 g Weizenfeinschrot oder 150 g Weizenfeinschrot und 150 g Weizenvollkornmehl
300 g lauwarmes Wasser

Zunächst den Grundansatz und das Backferment in einen
kleinen Teil des abgemessenen Wassers auflösen. Sodann
mit dem restlichen Wasser und Weizenschrot, oder dem
Gemisch aus Weizenschrot und Weizenvollkornmehl, gut
vermengen. Über Nacht bei Zimmertemperatur stehenlassen, mindestens 12 Stunden, und gut bedecken. Der
Teig darf nicht abtrocknen!

Hauptteig-Bereitung:
700 g Weizenfeinschrot oder 350 g Weizenfeinschrot und 350 g Weizenvollkornmehl
150 g Magerquark
50 g Honig
10 g Meersalz in etwas Wasser auflösen
250 g Pflanzenmargarine (diese soll geschmeidig
sein und zuletzt in den Teig eingearbeitet werden)
je 2 MS Kardamom und Muskatblüte
etwas geriebene Zitronenschale

Zunächst den Teigansatz mit dem Weizenfeinschrot, oder
dem Gemisch aus Weizenschrot und Weizenvollkornmehl, Magerquark, Honig und Gewürzen durchmengen,
dann erst die Pflanzenmargarine dazugeben und durchkneten. So viel sehr warmes Wasser (55°C) hinzufügen,

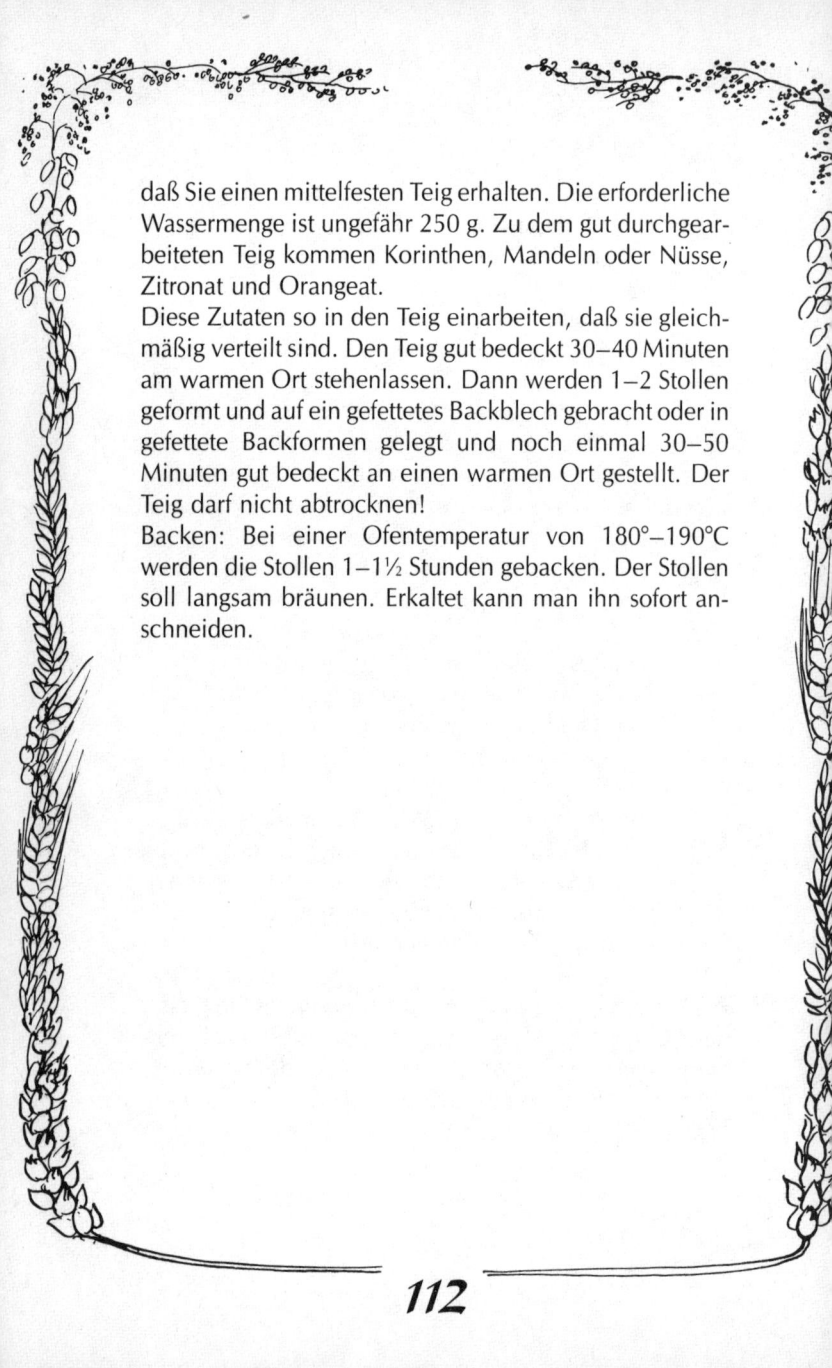

daß Sie einen mittelfesten Teig erhalten. Die erforderliche Wassermenge ist ungefähr 250 g. Zu dem gut durchgearbeiteten Teig kommen Korinthen, Mandeln oder Nüsse, Zitronat und Orangeat.

Diese Zutaten so in den Teig einarbeiten, daß sie gleichmäßig verteilt sind. Den Teig gut bedeckt 30–40 Minuten am warmen Ort stehenlassen. Dann werden 1–2 Stollen geformt und auf ein gefettetes Backblech gebracht oder in gefettete Backformen gelegt und noch einmal 30–50 Minuten gut bedeckt an einen warmen Ort gestellt. Der Teig darf nicht abtrocknen!

Backen: Bei einer Ofentemperatur von 180°–190°C werden die Stollen 1–1½ Stunden gebacken. Der Stollen soll langsam bräunen. Erkaltet kann man ihn sofort anschneiden.

Honig-Salz-Brot

Einleitung

Dieser Brotart liegt – wie schon aus ihrem Namen hervorgeht – der Bienenhonig als Gärungsmittel zugrunde. Man hat herausgefunden, daß Honig (als dichtester Stoff) und Salz (als feinster Stoff) zwischen sich ein Kraftfeld erzeugen. Beim Bereiten des Honig-Salz-Brotes (3 Ansätze) entsteht eine spontane Gärung, die jedesmal neu eingeleitet werden muß. Der Bienenhonig fängt an zu gären, sobald ein gewisser Wassergehalt überschritten wird. Diese Gärung des Honigs entsteht durch Nektarhefen, die die Bienen zusammen mit dem Nektar sammeln.

Bei der Herstellung von Honig-Salz-Broten sollte berücksichtigt werden, daß es sich bei Nektarhefen um eine spontane Gärung handelt. Sie sollten deshalb bemüht sein, möglichst gute Bedingungen zu schaffen, um den Gärungsprozeß richtig in Gang zu bekommen. Achten Sie besonders auf die Raumtemperatur, die nicht unter 18–20°C liegen sollte. Halten Sie den Teig immer bedeckt, und lassen Sie die Fenster geschlossen, so daß keine Zugluft entstehen kann, welche die Gärung hemmt oder ganz ausschließen könnte. Der Teig sollte weder zu fest noch zu flüssig sein, so daß einerseits die zur Gärung erforderliche Wassermenge vorhanden ist, sich andererseits aber kein überflüssiges Wasser auf dem Teig bildet.

Honig-Salz-Brote sind immer sehr schwer und dicht und verlangen ein langes, intensives Kauen und Einspeicheln. Durch relativ lange Backzeiten haben sie einen unverkennbaren, süßlichen Geschmack!

Honig-Salz-Brot im Römertopf

Zubereitung in drei verschiedenen Ansätzen:

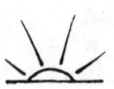

1. Ansatz:
500 g Roggenschrot
500 g warmes Wasser (40°)
¼ TL Meersalz
1 TL Honig

Das Meersalz und den Honig in dem warmen Wasser auflösen, mit dem Roggenschrot vermischen und bei Zimmertemperatur bis zum nächsten Morgen ruhenlassen. Am Abend sollte der Teig etwas mit Wasser bedeckt sein, und zwar mit so viel, wie der Schrot beim Quellen aufsaugen kann.

2. Ansatz:
500 g Weizenschrot
500 g warmes Wasser (40°)
1 TL Meersalz
1 TL Honig

Meersalz und Honig wieder in dem Wasser auflösen, mit dem Roggenschrot vermischen und beide Ansätze zu einem homogenen Teig verarbeiten. 3–4 Stunden bedeckt bei Zimmertemperatur ruhenlassen.
Nicht vergessen: Römertopf und Deckel in Wasser legen.

3. Ansatz:
500 g Gerstenschrot
1 TL Meersalz
je 1 TL Kümmel, Anis, Fenchel, Koriander

Alles gut vermengen, mit nassen Händen einen Brotlaib formen und in den gefetteten und mit Sesam bestreuten Römertopf legen (Jenaer Glasform ist auch möglich).
Den Teig mit dem Messer in der Mitte einschneiden und mit einem Tuch bedeckt nochmals 3–4 Stunden ruhenlassen. Wenn der Einschnitt auseinandergeht und der Teig eine gute Lockerung zeigt, kann er in den Ofen geschoben und 7 Stunden bei 150°C (Gasherd 120°C) gebacken werden. Nach 7 Stunden den Ofen ausschalten; das Brot jedoch bis zum nächsten Morgen im Herd abkühlen lassen.
Um Schimmelbildung zu vermeiden, ist es ratsam, daß Sie das Brot am nächsten Morgen aus dem Römertopf nehmen, damit die untere Rinde richtig abtrocknen kann. Später können Sie es dann im Topf über viele Tage lagern.

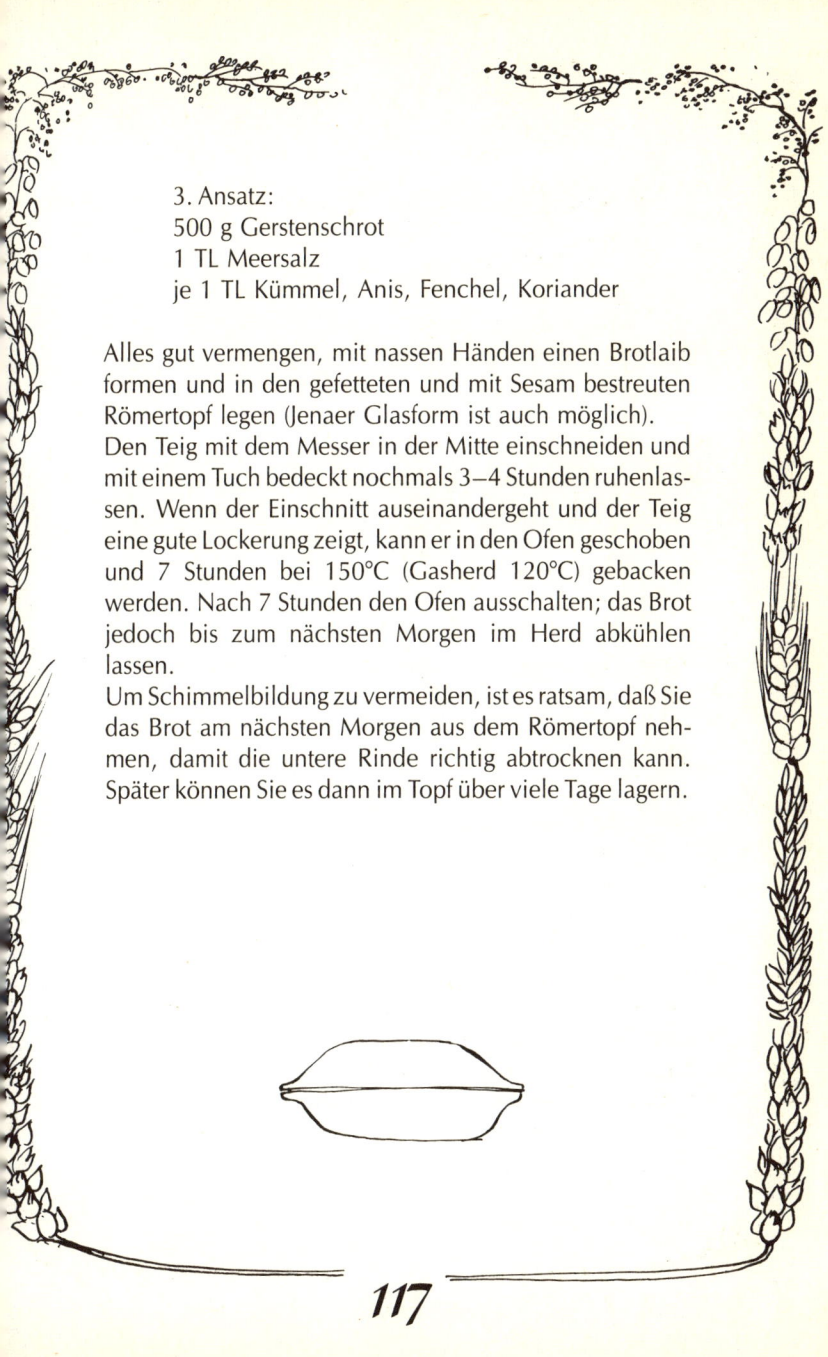

Quellbrot

1. Ansatz:
500 g Roggenschrot
500 g warmes Wasser
¼ TL Meersalz
1 TL Honig

500 g ganze Weizenkörner in
400 g Wasser

etwa 24 Stunden vorher einweichen.

2. Ansatz:
Den eingeweichten Weizen unter den 1. Ansatz

mischen und noch
1 TL Meersalz
1 TL Honig

hinzufügen. 3–4 Stunden bedeckt ruhenlassen.

Dann:
500 g Weizenvollkornmehl (fein)
1 TL Meersalz
Gewürze

nach Belieben dazugeben. Mit angefeuchteten Händen
einen Teig formen und in den Römertopf legen.
Weitere Bearbeitung wie beim Honig-Salz-Brot.

Gut-Adolfshof-Brot

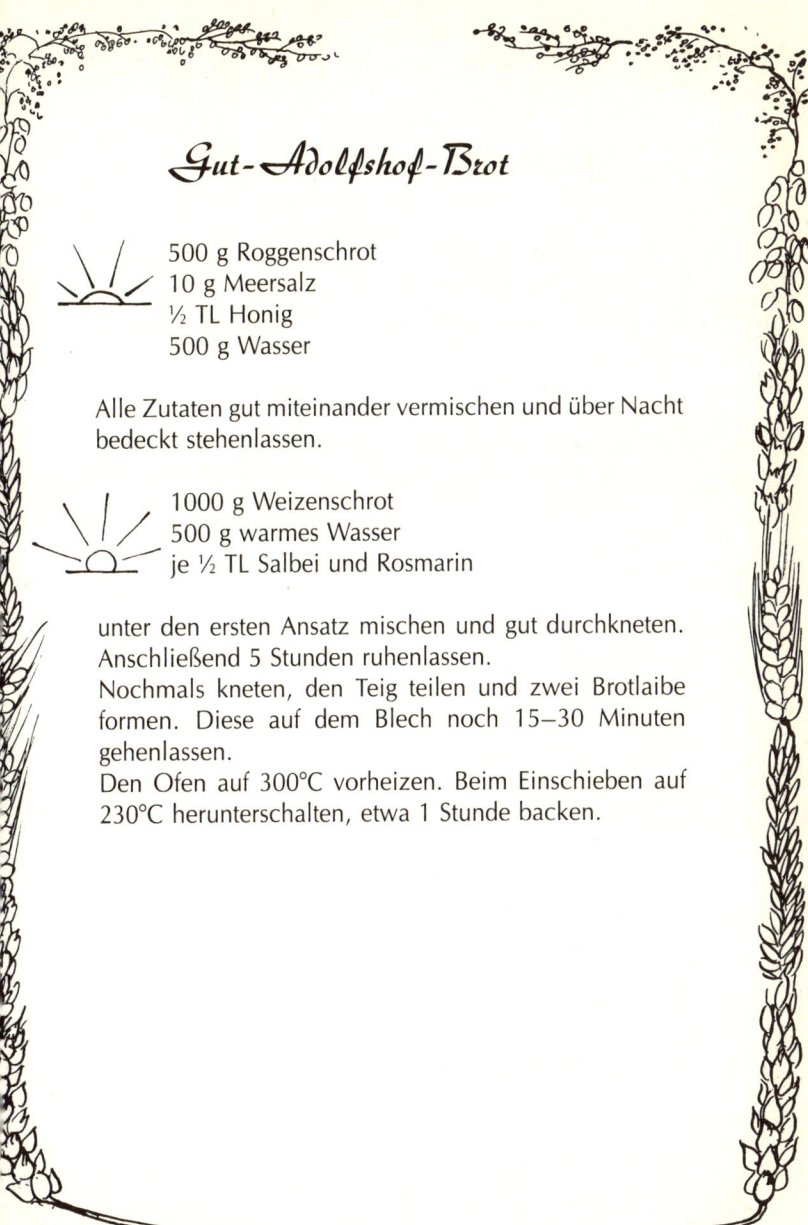

500 g Roggenschrot
10 g Meersalz
½ TL Honig
500 g Wasser

Alle Zutaten gut miteinander vermischen und über Nacht bedeckt stehenlassen.

1000 g Weizenschrot
500 g warmes Wasser
je ½ TL Salbei und Rosmarin

unter den ersten Ansatz mischen und gut durchkneten. Anschließend 5 Stunden ruhenlassen.
Nochmals kneten, den Teig teilen und zwei Brotlaibe formen. Diese auf dem Blech noch 15–30 Minuten gehenlassen.
Den Ofen auf 300°C vorheizen. Beim Einschieben auf 230°C herunterschalten, etwa 1 Stunde backen.

Früchtebrot im Römertopf

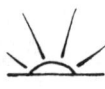

1. Ansatz:
350 g groben Weizenschrot
350 g warmes Wasser
¼ TL Meersalz
1 TL Honig

Meersalz und Honig in dem warmen Wasser auflösen und mit dem Weizenschrot mischen.

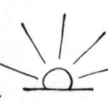

2. Ansatz:
350 g Weizenschrot
350 g warmes Wasser
1 TL Meersalz
1 TL Honig

Römertopf in Wasser legen!

3. Ansatz:
350 g Weizenfeinschrot
150 g Haselnüsse
150 g Mandeln
500 g Dörrobst (Rosinen, Feigen, Datteln, Aprikosen)
je 1 TL Anis, Koriander, Zimt, Ingwer, Kardamom
je 1 MS Nelken, Piment, Muskatblüte

Weitere Bearbeitung wie beim Honig-Salz-Brot.

Rudolf-Steiner-Brot

600 g Thymiantee
10 g Honig
10 g Meersalz
100 g Roggenvollkornmehl
100 g Weizenvollkornmehl

Die Zutaten bei Sonnenaufgang in einer Schüssel anrühren und bis zum Abend bedeckt stehenlassen.

10 g Honig
10 g Meersalz
200 g Roggenvollkornmehl
200 g Weizenvollkornmehl

dazugeben, gut verrühren und bei 20°–30°C über Nacht ruhenlassen.

20 g geschroteten Leinsamen
5 g Fenchel
5 g Koriander
3 g Kümmel

Leinsamen unter den Vorteig mischen. Nach Belieben etwa 400 g Weizenmehl, Roggenmehl, Haferflocken, alle Schrotarten oder eingeweichten Körner dazugeben und zu einem festen Teig kneten. Diesen in eine gefettete Form legen und etwa 2 Stunden gehenlassen. Bei 150°–180°C 2–4 Stunden backen.

Kuchen

Mürbeteig

ein sehr lockerer, krümeliger Boden

Standardrezept:
500 g Weizenvollkornmehl (oder -feinschrot)
300 g Pflanzenmargarine
50 g gemahlene Haselnüsse
½ TL Meersalz
1–2 EL Honig oder Sirup

Zutaten für eine Springform:
250 g Weizenvollkornmehl
150 g kaltgepreßte Pflanzenmargarine
25 g gemahlene Haselnüsse
1–2 TL Honig
1 Prise Meersalz

Zuerst das Mehl mit den gemahlenen Nüssen, dem Salz und dem Sirup (Honig) in eine Schüssel geben. Die abgewogene Menge Pflanzenmargarine über den anderen Zutaten in Stücke schneiden, verteilen und unterkneten, bis ein zusammenhängender, mittelfester Teig entsteht; mit Mehl wird er besonders fein. Je gröber der Schrot, desto krümeliger. Diesen zu einer Kugel formen, mit einem Tuch bedecken und ½–1 Stunde kühl stellen. Sie können ihn auch länger (sogar über Nacht) stehenlassen.

Bei Mürbeteig ist entscheidend, daß die Margarine immer kühl ist. Am besten läßt sie sich verarbeiten, wenn man sie 1–2 Stunden vor dem Backen aus dem Kühlschrank oder Keller nimmt.

Je nach Belieben können Sie jetzt diesen Teig für den Kuchen, den Sie backen möchten, mit Gewürzen oder Rosinen abstimmen.

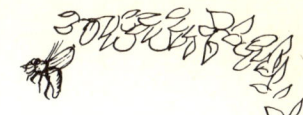

Öl-Teig

Er eignet sich auf Grund seiner geschmeidigen, elastischen Konsistenz besonders gut für gefüllte Teigtaschen.

Standardrezept:
500 g Weizenvollkornmehl
150 g unraffiniertes Pflanzenöl
etwa 150 g kaltes Wasser
½ TL Meersalz
1–2 EL Sirup oder Honig

Zutaten für eine Springform:
250 g Weizenvollkornmehl
75 g unraffiniertes Sonnenblumenöl
etwa 75 g Wasser
1–2 TL Honig
1 Prise Meersalz

Alle Zutaten in einer Schale vermengen und nach und nach so viel Wasser unterkneten, bis ein geschmeidiger, nichtklebender Teig entsteht.
Da dieser Teig kein Triebmittel enthält, ist seine Lockerung einzig von der Intensität und Dauer des Knetens abhängig. Je besser und länger Sie ihn kneten, desto lockerer wird er. Den Teig vor der Weiterverarbeitung 20–30 Minuten kühl stellen.

Flocken-Teig

eignet sich gut für Obstkuchen

Standardrezept:
200 g feines Weizenvollkornmehl
400 g Weizenflocken
150 g unraffiniertes Pflanzenöl
½ l Meersalz
etwa ¼ l Wasser
2 EL Sirup oder Honig

Unter ständiger Zugabe von Wasser einen zähflüssigen Teig bereiten. Diesen bedeckt 15–20 Minuten ruhenlassen.

In dieser Zeit saugen die Flocken sehr viel Flüssigkeit auf, so daß der Teig nach dem Ruhen etwas fester ist. Sie können hierfür auch andere Flocken nehmen. Bei Weizenflocken hält der Boden jedoch wegen ihres hohen Klebegehalts am besten zusammen. Anstelle von Honig oder Sirup können Sie auch gut Rosinen nehmen.

Hefe-Teig

Standardrezept:
500 g feines Weizenvollkornmehl
100 g zerlassene Pflanzenmargarine
1 Stück Hefe
1–2 EL Sirup
1 Prise Meersalz
etwa ¼ l Wasser oder Soja-Milch

Das Mehl in eine Schale geben und in die Mitte eine
Vertiefung machen, in welche die Hefe hineingebröselt
und in etwas Wasser (oder Soja-Milch) aufgelöst wird.
Die zerlassene Margarine, den Sirup, die Prise Salz hinzufügen und alle Zutaten miteinander vermengen. Nach und
nach so viel Wasser zugeben, bis ein geschmeidiger, nicht
klebender Hefeteig entsteht. Diesen vor der Weiterverarbeitung 10–20 Minuten bedeckt an einem warmen Ort
ruhenlassen.

 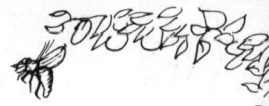

Haselnuß-Kuchen

Zutaten:
600 g Weizenvollkornmehl
600 g gemahlene Haselnüsse
400 g Pflanzenmargarine
250 g Honig
550 g Wasser
1 EL Zimt
½ TL Meersalz

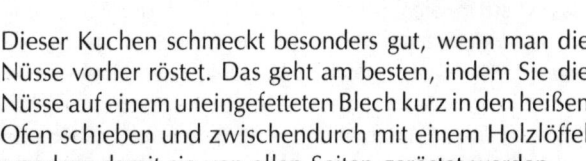

Dieser Kuchen schmeckt besonders gut, wenn man die Nüsse vorher röstet. Das geht am besten, indem Sie die Nüsse auf einem uneingefetteten Blech kurz in den heißen Ofen schieben und zwischendurch mit einem Holzlöffel wenden, damit sie von allen Seiten geröstet werden.

Danach werden die Nüsse gemahlen und zusammen mit den anderen Zutaten in eine Schüssel gegeben. Die Margarine unterkneten und nach und nach das Wasser dazugießen.

Ist alles gut vermischt, den Teig mit einem Teigschaber auf ein gefettetes Blech streichen und soviel gehackte Nüsse darauf geben, wie man mag.

Backzeit: etwa 40 Minuten bei 175°C.

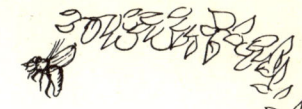

Mandelkranz

Zutaten:
200 g Sahnequark
6 EL Wasser
8 EL unraffiniertes Pflanzenöl
450 g Weizenvollkornmehl
5–6 EL Honig oder Sirup
5 EL Kokosraspeln
etwas Vanille
1 Prise Meersalz

Den Quark mit Wasser, Öl, Honig, Kokosraspeln sowie den Gewürzen verrühren. Anschließend das Mehl in Anteilen dazugeben und alles zu einem geschmeidigen Teig verkneten.
Diesen rollen Sie zu einem großen Rechteck von etwa 40 × 45 cm aus und bestreichen ihn mit Fett.

Füllung:
100 g Mandeln
100 g Feigen
50 g Rosinen (ungeschwefelt)
70 g Pflanzenmargarine
40 g Marzipan
1 TL Zimt

Die Mandeln mit dem Marzipan in dem zerlassenen Fett rösten, in eine Schüssel geben und mit den kleingeschnittenen Feigen, den Rosinen und dem Zimt vermengen.

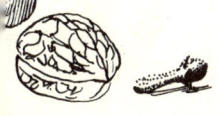

Die fertige Masse verteilen Sie nun auf der unteren Hälfte des Rechteckes und rollen den Teig von der längeren Seite von außen nach innen auf. Es ist jetzt eine Rolle entstanden, die Sie zu einem Kranz schließen können. Als Verzierung eignen sich gut Mandelsplitter oder Sonnenblumenkerne. Am besten drückt man sie mit dem Finger etwas in den Teig ein.

Bei 175°–200°C etwa 30 Minuten backen.

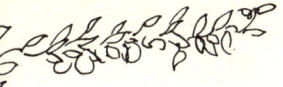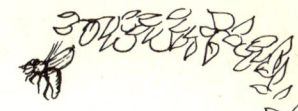

Apfel-Hirse-Torte

Als Boden verwenden Sie einen Mürbeteig und geben ihn in eine gefettete Springform.

Zutaten für den Belag:
500–700 g Äpfel
100 g Rosinen (ungeschwefelt)
100 g Honig
250 g Hirse, ganz oder gemahlen
etwa ¾ l Wasser
50 g gemahlene Haselnüsse
2 TL Zimt
½ TL Meersalz

Die biologischen Äpfel entkernen und ungeschält in kleine Stücke schneiden. (Die Äpfel bitte nicht schälen; Sie werfen sonst mit der Schale einen großen Teil der Vitamine und Mineralstoffe weg.)

50 g Rosinen (ungeschwefelt)
30 g Honig
1 TL Zimt

in einer Schüssel mischen und auf den Mürbeteig geben. Die Hirse in einem Topf zu einem Brei kochen, der noch etwas flüssig sein sollte. Jetzt das Salz, die Nüsse, den restlichen Zimt, die Rosinen und den Honig hineinrühren und die Masse gleichmäßig auf den Äpfeln verteilen. Bei 220°C etwa 40–50 Minuten goldbraun backen.

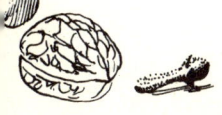

Mohn-Streusel

Boden nach Belieben

Zutaten für ein Blech:
300 g Mohn, wenn möglich, frisch gemahlen
200 g Hirse
etwa 600 g Wasser
100 g Rosinen (ungeschwefelt)
150 g Honig
1 EL Zimt
½ abg. Vanillestange oder
½ TL Vanille-Pulver

Den gemahlenen Mohn in Wasser aufkochen. Anschließend die Hirse und die Rosinen hinzugeben und auf kleiner Flamme bedeckt so lange weiterkochen lassen, bis die Hirse gar ist (ist der Mohn ungemahlen, mindestens 1 Stunde vorkochen). Den Topf vom Feuer nehmen, die restlichen Zutaten hineinrühren und auf dem Boden ausstreichen.

Aus:

> 125 g Weizenvollkornmehl
> 75 g gemahlenen Haselnüssen
> 100 g Pflanzenmargarine
> 100 g kandiertem Honig
> ½ TL Meersalz
> etwas Zimt und Vanille

in einer Schüssel Streusel bereiten. Ist der Teig zu feucht, mit Mehl oder Nüssen ausgleichen. Die Streusel gleichmäßig auf dem Mohn verteilen.
Bei 220°C 40–50 Minuten backen.

Festtags-Torte mit Honig-Tofucreme

Diese Torte besteht aus zwei verschiedenen Teigen und Füllungen. Sie erfordert viel Zeit und Geduld.

Für den Mürbeteig:
250 g Weizenvollkornmehl
125 g Pflanzenmargarine
1 TL Honig
1 TL Vanille
1 Prise Meersalz

Die Zutaten zu einem Teig verarbeiten und diesen ½ Stunde kalt stellen. Anschließend in eine gefettete Springform geben und bei 220°C etwa 30 Minuten backen.

200 g geraspelte Mandeln, einige bittere
200 g Weizenvollkornmehl
200 g Wasser
200 g Pflanzenmargarine
3 EL Rosenwasser
3 EL Honig
1 TL Zimt und 1 Prise Salz

Alles gut vermengen und eine Weile kneten. Es muß ein weicher Teig entstehen, den Sie dann ebenfalls in eine Springform geben (gleiche Größe wie oben).
Bei 200°C etwa 60 Minuten backen.

Inzwischen können Sie die Füllung vorbereiten. Hierfür eignen sich frische Früchte wie Kirschen, Schattenmorellen, Johannisbeeren oder Himbeeren. Je nach Belieben können Sie Rosinen, Nüsse und Gewürze hinzufügen. Wenn der zweite Teig fertig gebacken ist, lassen Sie ihn etwas abkühlen und teilen ihn vorsichtig.

Für die Creme:
500 g Tofu
5 EL Akazien-Honig
1 EL Mandelmus
½ TL Zimt

Den Tofu durch ein Sieb streichen, Mandelmus und Zimt cremig rühren.

500 g Creme mit
2 TL Honig

steif schlagen. Den Mürbeteig auf einen Kuchenteller legen und mit der Hälfte der Früchte und mit ⅓ der Creme bestreichen. Dann die untere Hälfte des anderen Bodens darauf legen und mit den restlichen Früchten und der Hälfte der übriggebliebenen Creme füllen.
Zum Schluß den letzten Boden leicht aufdrücken und mit der restlichen Creme die ganze Torte bestreichen. Zum Dekorieren eignen sich Mandeln, Nüsse, Sonnenblumenkerne, Sesam etc.

Gewürzschnitten

Aus:

250 g Weizenvollkornmehl
½ St. Hefe
80 g Wasser
1 EL Honig

einen Hefeteig bereiten. Diesen 15 Minuten ruhenlassen.

Anschließend:

70 g zerlassene Pflanzenmargarine
70 g gemahlene Haselnüsse
70 g gemahlene Mandeln
60 g Honig
1 EL Zimt
½ TL Kardamom
je 1 MS Ingwer, Nelken, Muskat
1 EL Kakao
½ abgeriebene, ungespritzte Zitrone

unterkneten und in eine sogenannte Rehrückenform geben. Man kann auch eine gewöhnliche Kastenform nehmen.
Nochmals 10–15 Minuten ruhenlassen.
Bei 180°–200°C etwa 1 Stunde backen.

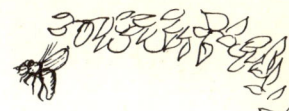

Rhabarber-Reis-Kuchen

sehr schwer und sättigend

Zutaten:
500 g Vollreis
1000 g Wasser
etwa 750 g Rhabarber
150 g Rosinen (ungeschwefelt)
200 g Sirup
50 g Kokosraspeln
1 TL Zimt
½ TL Nelken
½ TL Meersalz

Zuerst den Reis mit dem Wasser gar kochen. Den Rhabarber schälen und mit dem Reis und den anderen Zutaten in einer Schüssel vermengen.

Diese Masse auf ein gefettetes Blech streichen und mit gemahlenen Nüssen, Mandeln oder Kokosraspeln bestreuen.

Bei 220°C 1 Stunde backen.

Walnuß-Torte

Zutaten:
500 g gemahlene Walnüsse
300 g Weizenvollkornmehl
250 g Pflanzenmargarine
2–3 EL Honig
1 Prise Meersalz
125 g Wasser oder Soja-Milch
½ TL Zimt

Zuerst die Nüsse, das Mehl und die Gewürze vermischen.
Dann die kalte, in Stücke geschnittene Margarine unterkneten und so viel Wasser hinzugeben, daß sich der Teig
gut in eine gefettete Springform streichen läßt. Mit Wal-
nüssen garnieren.
Bei 200°C goldbraun backen, etwa 50–60 Minuten.

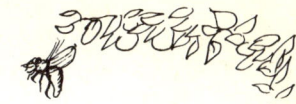

Dattel-Hirse-Kuchen

Als Boden einen Mürbeteig verwenden:

Zutaten:
450 g Dattelmasse
300 g Hirse
200 g gemahlene und gehackte Haselnüsse
1⅛ l Wasser
100 g Kokosraspeln
1 abgeriebene, ungespritzte Zitrone
1 TL Nelken
½ TL Meersalz

Die Hirse mit dem Wasser aufkochen und 10 Minuten mit Deckel leise weiterkochen lassen.

Dann die in Stücke gebröselte Dattelmasse hineingeben und so lange rühren, bis sie sich ganz aufgelöst hat. Jetzt alle anderen Zutaten hineinrühren und die Masse auf den Mürbeteig streichen. Zum Schluß mit Kokosraspeln bestreuen.

Bei 220°C etwa 40–50 Minuten backen.

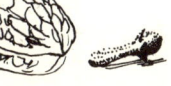

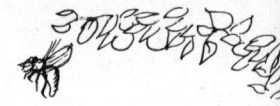

Linzer Torte

Für den Boden braucht man:

200 g Weizenvollkornmehl
200 g Haselnüsse
200 g Pflanzenmargarine
50 g Honig
1 MS Nelken
1 TL Kakao
frische Himbeeren, Johannisbeeren oder
Preiselbeeren und Honig nach Belieben

Verarbeiten Sie die Zutaten wie bei einem normalen Mürbeteig, indem Sie die kalte Margarine mit dem Mehl, den gemahlenen Nüssen und den Gewürzen zu einem homogenen Teig kneten und ihn bedeckt ½ Stunde ruhenlassen.

Anschließend ⅔ des Teiges in eine gefettete Springform geben, die Früchte etwas zerdrücken und mit Honig abschmecken und auf den Boden streichen. Mit dem restlichen Teig können Sie ein Zeichen auf den Kuchen legen, das Ihnen besonders gut gefällt.

Backzeit: etwa 30 Minuten bei 175°C.

Mandel-Torte

Zutaten:
400 g gemahlene Mandeln, einige bittere
400 g Weizenvollkornmehl
150 g Honig
300 g Pflanzenmargarine
etwa ¼ l Wasser
1 TL Zimt
1 Prise Meersalz

Zuerst die gemahlenen Mandeln mit der kalten Margarine, dem Mehl und den Gewürzen vermischen, dann
nach und nach das Wasser zugeben und alles gut verkneten. Den Teig in eine gefettete Springform streichen und
mit Mandeln garnieren.
Backzeit: etwa 40 Minuten bei 175°C.

Pflaumen-Kuchen

Hierzu schmeckt ein Hefeteig ganz
besonders gut.

Zum Belegen:
500 g entsteinte Pflaumen

Für die Decke:
250 Weizengrieß
etwa 500 g Wasser oder Soja-Milch
50 g gemahlene Haselnüsse
2–3 EL Sirup
etwas Meersalz

Zuerst das Wasser aufkochen lassen, dann den Topf vom
Feuer nehmen und nach und nach den Grieß hineinrühren. Unter ständigem Rühren nochmals aufkochen lassen.
Die übrigen Zutaten untermischen und auf die Pflaumen
streichen. Nach Belieben auf den Grieß einige kleinge-
hackte Nüsse streuen.
Backzeit: etwa 30 Minuten bei 200°C.

Tee-Gebäck

Nußkeks

Zutaten:
200 g Weizenvollkornmehl
etwa 80 g Haselnüsse
150 g Pflanzenmargarine
etwa 100 g Honig
½ TL Zimt
1 Prise Meersalz

Mehl, Nüsse, Zimt und Salz in einer Schüssel gut vermischen. Darauf die Margarine in kleine Stücke schneiden, den Honig zugeben und alle Zutaten zu einem glatten Teig verkneten. Sie können den Teig ausrollen und kleine Figuren ausstechen oder zu einer Rolle formen und mit einem Messer etwa 1 cm dicke Scheiben der Reihe nach abschneiden. Legen Sie die Kekse auf ein gefettetes Blech, und verzieren Sie sie jeweils mit einer ganzen Haselnuß. Backzeit: etwa 10 Minuten bei 200°C.

Mandelrollen

Zutaten:
100 g Weizenvollkornmehl
150 g Roggenvollkornmehl
100 g geraspelte Mandeln
200 g Pflanzenmargarine
4–5 EL Honig
2 TL Vanille
1 Prise Meersalz

Das Mehl, die geraspelten Mandeln und die Vanille gut miteinander vermischen. Anschließend den Honig und die in Stücke geschnittene Margarine unterkneten, bis ein geschmeidiger Teig entsteht. Es sieht schön aus, wenn man kleine Teigstückchen abnimmt, sie mit beiden Händen zu Rollen formt und mit einer Mandel oder mit Mandelsplittern garniert.
Bei 200°C etwa 8–10 Minuten backen.

»Scones«

Zutaten:
500 g Weizenvollkornmehl
100 g Margarine
1½ St. Hefe
¼ l Wasser

zu einem glatten Hefeteig verarbeiten.
15 Minuten Teigruhe!

1 TL Meersalz
100 g Rosinen (ungeschwefelt)
2 EL Kokosraspeln
1 TL Zimt
½ TL Ingwer
1 TL Vanille
1–2 EL Honig

unterkneten, etwa 100 g schwere Bällchen formen und
auf ein gefettetes Blech setzen.
Bei 250°C etwa 20 Minuten backen.

Zitronen-Keks

Zutaten:
250 g Maismehl
150 g Pflanzenmargarine
3 TL Zitronensaft
1 abgeriebene Zitronenschale
1 TL Vanille-Pulver
2½ EL Sirup
50 g Rosinen (ungeschwefelt)
1 Prise Meersalz

Das Maismehl mit der Vanille, dem Meersalz, den Rosinen und der Zitronenschale gut vermengen. Anschließend die in Stücke geschnittene Margarine, den Zitronensaft sowie den Sirup dazugeben und so lange kneten, bis ein geschmeidiger Teig entsteht. Kleine Portionen abnehmen, zu kleinen Kugeln formen und auf ein gefettetes Blech setzen.
Bei 200°C etwa 10 Minuten backen.

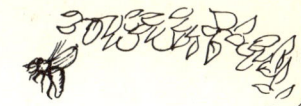

Haselnuß-Taschen

Öl-Teig (s. S. 127)

Zutaten für die Füllung:
250 g gemahlene Haselnüsse
200 g Pflanzenmargarine
3–4 EL Honig
1 TL Zimt
¼ TL Nelken
4 EL Kokosraspeln

Hieraus eine Paste bereiten.
Den Teig auf dem bemehlten Tisch zu einem großen
Quadrat ausrollen und mit dem Messer in kleine Quadrate
(9 × 9 cm oder 10 × 10 cm) unterteilen. Auf jedes Teig-
stück ungefähr einen Eßlöffel von der Paste geben und die
Ecken zur Mitte hin umklappen. Mit einer Nuß garnieren.
Bei 250°C etwa 20 Minuten backen.

Kokos-Nuß-Kugeln

Zutaten:
200 g Kokosraspeln
200 g gemahlene Haselnüsse
100 g Pflanzenmargarine
2 TL Vanille
2 EL Honig
etwas Meersalz

Alle Zutaten, mit Ausnahme des Honigs, in der Margarine leicht anrösten. Anschließend in eine Schüssel geben und den Honig unterkneten.

Ist alles gut vermengt, nehmen Sie kleine Portionen ab, drücken den Teig sehr fest zusammen, damit er nicht auseinanderfällt, und bringen ihn in Kugelform. Die Bällchen auf ein gefettetes Blech setzen und bei 200°C etwa 10 Minuten backen.

Ein richtiger Zusammenhalt wird erst durch das Backen erzielt.

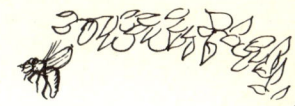

Feigenkeks

Zutaten:
120 g Feigen
100 g Haferflocken
50 g Pflanzenmargarine
4 EL Kokosraspeln
2 TL Nußmus

Die Feigen im Mixer zerkleinern. Anschließend in einer Schüssel mit den anderen Zutaten gut vermengen. Mit dem Löffel kleine »Berge« abnehmen und auf ein gefettetes Blech setzen.
Bei 200°C etwa 10 Minuten backen.

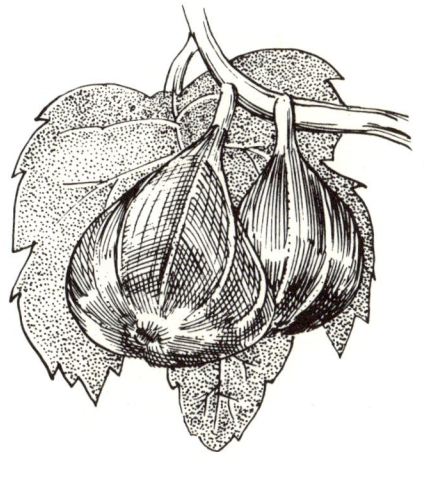

Weizen-Mais-Berge

Zutaten:
150 g Maismehl
100 g Weizenflocken
150 g Weizenschrot
120 g Pflanzenmargarine
100 g Rosinen (ungeschwefelt)
30 g Leinsamen
40 g Kokosflocken
6 EL Sanddorn
etwa 100 g Wasser

Alle Zutaten gut vermischen. Die in Stücke geschnittene Margarine unterkneten und so viel Wasser hinzufügen, bis ein geschmeidiger, mittelfester Teig entsteht. Mit dem Löffel können Sie jetzt kleine »Berge« vom Teig abnehmen und auf ein vorgefettetes Blech setzen.
Bei 200°C etwa 10 Minuten backen.

»Goffios«

getrocknete Getreidebällchen

Zutaten:
150 g Weizenschrot
50 g Haselnüsse
50 g Rosinen (ungeschwefelt)
20 g Kokosflocken
20 g Haferflocken
30 g Sonnenblumenkerne
4 EL Sanddorn
etwa 20 g Wasser

Alle Zutaten gut miteinander vermengen. Zum Schluß so viel Wasser dazugeben, bis sich aus dem Teig kleine Kugeln formen lassen, die weder an den Händen kleben noch auseinanderfallen. Am besten ist es, wenn Sie die Bällchen der Sonne aussetzen.
Richtig durchgetrocknet sind die Goffios nach ein bis zwei Tagen. Wenn Sie nicht so lange warten wollen, schmekken sie auch frisch oder einige Stunden nachdem Sie sie bereitet haben, schon sehr gut.

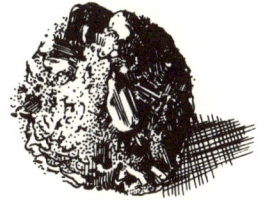

155

Apfel-Taschen

Als Boden nehmen Sie einen Öl-Teig (s. S. 127), den Sie halbieren und auf dem bemehlten Tisch dünn ausrollen.

Aus:

     75 g Rosinen (ungeschwefelt)
     100 g gemahlenen Haselnüssen
     50 g Pflanzenmargarine
     1 TL Zimt

eine Paste bereiten und in die entkernten, etwas ausge-
höhlten Äpfel füllen. Die Äpfel werden dann mit der
Schnittseite auf den einen Teil des ausgerollten Teiges
gelegt und mit dem anderen Teil bedeckt. Mit einem
genügend großen Glas können Sie die Äpfel gut ausstechen. Den Glasrand vorher in etwas Wasser tauchen,
damit die »Naht« besser zusammenhält. Eventuell die
beiden Teighälften mit den Fingern noch etwas zusam-
menpressen. Dann auf ein bemehltes oder gefettetes
Blech legen und bei 250°C braun backen (etwa 20
Minuten).

»Prassad«

eine indische Spezialität

Prassad ist eine indische Süßigkeit, die Tempelbesuchern als heilige Gabe dargeboten wird, ähnlich wie das Abendmahl im Westen.

Zutaten:
200 g feiner Maisgrieß
600 g Wasser
50 g unraffiniertes Pflanzenöl
50 g ungeschwefelte Rosinen
50 g Mandeln, einige bittere
50 g Honig-Marzipan
40 g Honig
50 g Dattelmasse
25 g Kokosraspeln

Den Maißgrieß unter ständigem Rühren in dem Öl braun rösten. Nach und nach das Wasser dazugeben und auf kleiner Flamme so lange kochen, bis eine mittelfeste Masse entsteht. Anschließend den Topf vom Feuer nehmen und die restlichen Zutaten hineingeben. Die Dattelmasse und das Marzipan vorher in kleine Stückchen brechen. Alles gut miteinander vermischen und abkühlen lassen. Zum Abschluß mit beiden Händen kleine Bällchen formen und in Kokosraspeln wälzen.

Als wir anfingen,
dieses Buch zu schreiben,
waren die Birnen auf dem Baum
vor unserem Fenster noch klein und grün.
Jetzt, wo der Sommer vorüber
und das Buch vollendet ist,
sind die Früchte groß und reif
und warten darauf, geerntet zu werden.

Laß mal von Dir hören,
wie sie geschmeckt haben...

Axel Meyer

Vollwertkost
bei
Neurodermitis

Mit einem Vorwort von Dr. Peter Wolf

TAOASIS

tierisch eiweißfrei
reizstoffarm